BRUNO WÜRTENBERGER

LICHT & SCHATTEN DER LIEBE

Copyright © 2016 by Bruno Würtenberger

Umschlaggestaltung: GretLife.Books
Set & Layout: GreatLife.Books

Bildquelle: ©Jiri Novotny/123RF.com
Herausgegeben: 05.2016

**Verlag: GreatLife.Books (alea active GmbH)
Hauptstr. 97 | 69 469 Weinheim**
www.greatlifebooks.de | info@greatlifebooks.de

ISBN: 978-3-945952-55-9 (Taschenbuch)
ISBN: 978-3-945952-56-6 (HardCover)
ISBN: 978-3-945952-57-3 (eBook)

Printed in Germany

Das Werk, einschließlich seiner Teile, ist urheberrechtlich geschützt.
Jede Verwertung ist ohne Zustimmung des Autors unzulässig.
Dies gilt insbesondere für die elektronische oder sonstige
Vervielfältigung, Übersetzung, Verbreitung und öffentliche
Zugänglichmachung.

Was Dich erwartet

TEIL I:
IM LICHT DER LIEBE

Vorwort   12

Alles, was man über Beziehung, Liebe und auch Sex wissen sollte   15

Das erste Date	16
Verliebt sein ist nicht Liebe	20
Den Mann/Frau, den Du suchst, den gibt es nicht!	23
Der ultimative Beziehungskiller	28
Wie Liebe die Verliebtheit überwindet	31
Liebe kennt keine Angst	36
Ein Liebesversprechen ist immer eine Lüge	40
Freie Liebe	42
Freie Liebe - das ewige Missverständnis	47
Warum viele Menschen nicht alleine sein können	61
Lasten und Muster der Vergangenheit	67
Eine Beziehung braucht Luft	71
Ehe und Sicherheit	75
Ehe und Sex	77
Kinder, Familie, Ehe und Erleuchtung	79
Die Trennung	82
Wahre Freiheit	86
Alltag	89

Die Stille der Nähe	91
Liebe und Selbstverleugnung	96
Kompromisse	100
Für Frauen	102
Ausklang	104

TEIL II:

IM SCHATTEN DER LIEBE

Aufklärendes Vorwort	108
Der Schein trügt	110
Liebe ist Freiheit und Freiheit macht Angst	113

Im Schatten der Liebe — 117

Liebe ist ein Mysterium	118
Liebe ist nicht von dieser Welt	120
Warum liebst Du mich?	122
Woher die Furcht vor Liebe?	123
Liebe machen?	124
Liebe geben?	126
Die dunkle Seite der Macht	128
Die Liebe zwischen Mann und Frau	130
Beziehungen in echter Liebe verlangen viel	132
Der wahre Zauber der Liebe	134

Die Scheinintelligenz des Verstandes — 137

Mehr Schein als Sein ...	138

Ein Recht auf Liebe? 145
- Der Verstand fordert ein ‚Recht auf Liebe' 146
- Du bist schuld 148
- Ständig in Konkurrenz 150
- Fragen sind Ausweichmanöver 152
- Wahre Liebe fordert kompromissloses Loslassen 153
- Liebe braucht Entspannung 155
- Öffne Dein Herz 157

EIFERSUCHT 161
- Eifersucht ist die Angst vor morgen 164
- Eifersucht ist Schatten, Liebe ist Licht 166
- Eifersucht ist alles andere als Du selbst! 167
- Eifersucht ist therapieresistent 168
- Was ich an der Eifersucht nicht verstehe 171

FREIHEIT 173
- Liebe ist ein Kind der Freiheit 174

SEHNSUCHT 179
- Die intensivste Form der Liebe ist: Sehnsucht 180

WAS LIEBE WIRKLICH SUCHT 185
- Der Schatten einer falschen Interpretation 194

DEN SCHATTEN ERLÖSEN	199
BEZIEHUNG – ENG ODER NAH?	203
LIEBE IST EINE VISION	205
DER ANGSTSCHATTEN HINTER DEM LICHT	211
Lieber vordenken als nachplappern	215
SEX IM SCHATTEN DER LIEBE	217
DIE SCHATTENSCHLUCKER	221
LICHT MUSS LEUCHTEN	225
WER SIEHT WAS?	229
SCHATTENZEIT	235
NACHWORT	239

ÜBER AUTOR & VERLAG 243
   BRUNO WÜRTENBERGER 245
   COMPASSION 247
   ÜBER GREATLIFE.BOOKS 252

TEIL I
IM LICHT DER LIEBE

VORWORT

Im Laufe meiner Bewusstseinsarbeit mit Menschen aller Schichten hat sich ein Thema als äußerst resistent herausgestellt: Beziehung. Spätestens bei diesem Thema hilft Dir keine Ausbildung, kein Studium, kein Doktortitel und auch kein dickes Bankkonto. Ich neige dazu zu sagen, dass in dieser Hinsicht tatsächlich alle Menschen gleich zu sein scheinen. Natürlich bin ich mir bewusst, dass nichts auf alle Menschen zutrifft, Ausnahmen gibt es natürlich immer. Aber ich formuliere gerne pointiert und provokativ, denn das garantiert mir die volle Aufmerksamkeit der Leserschaft. Dieses kleine Handbuch über Beziehungen wird Dich vermutlich nicht kalt lassen und hier und da bestimmt die eine oder andere Emotion in Dir heraufbeschwören. Dafür bitte ich um Verzeihung und Du hast ja stets die Möglichkeit, das Büchlein wegzulegen oder gar wegzuwerfen oder Du kannst Dir ja einfach sagen, dass ich nicht mehr alle Tassen im Schrank hätte. Du bist mir also weniger ausgeliefert, als ich Dir.

Allerdings wird Dir diese Lektüre großen Spaß ma-

chen, wenn Du beim Lesen nicht an Dich und Deine Beziehung denkst, sondern an die Deiner Freunde oder Nachbarn. Das ist natürlich auch ironisch gemeint, Du hast es bemerkt, aber darin steckt durchaus auch eine bewährte, alte Technik der Bewusstseinsforschung. Betrachtet man etwas nämlich von außen, mit ein wenig Abstand, so fällt es viel leichter, die Zusammenhänge und den Kern eines Problems zu erkennen. Du kennst das, ein Labyrinth ist um einiges leichter zu durchwandern, wenn man es aus einer gewissen Distanz heraus überblicken kann. Wenn man mitten drin ist, dann lässt sich der Ausweg oder das Ziel – wenn überhaupt – nur sehr schwer erreichen. Und die Liebe, verehrter Leser, ist ein Labyrinth! Dieses Büchlein ist geradezu ein Prüfstein für Dich, um Deine grundsätzliche Beziehungsfähigkeit oder Unfähigkeit zu eruieren.

Falls wir uns am Ende des Buches nicht mehr sehen werden, so lass es mich gleich sagen: Ich danke Dir für Dein Interesse und für Dein Vertrauen. Du bist mir sehr wichtig, denn mein Ziel, meine Vision ist, dass die gesamte Menschheit, jeder einzelne Mensch und jede einzelne Beziehung, sei es nun zwischen Mann und Frau – darauf beziehe ich mich ja hier –, aber auch in Bezug auf alle anderen zwischenmenschlichen Beziehungen wie: Mutter–Kind, Vater–Kind, Arbeitgeber–Arbeitnehmer, Nachbarn, Freunde, Familie und und und ... von Liebe, Freude und Glück erfüllt ist. Dies wäre zumindest ein Weg zu einer friedlichen Menschheit auf diesem wundervollen Planeten. Und ja, auch in Bezug zur Erde leben wir in einer

Beziehung. Beziehung haben wir mit allem, worauf wir uns beziehen.

Mit herzlichen Grüßen und bestem Dank für Deine wertvolle Aufmerksamkeit, welche Du mir gerade schenkst,

Bruno Würtenberger.

ALLES, WAS MAN ÜBER BEZIEHUNG, LIEBE UND AUCH SEX WISSEN SOLLTE

DAS ERSTE DATE

Bereits beim ersten Date schaffen sich die meisten Beziehungswilligen die ungeeignetsten Voraussetzungen für eine beständige Partnerschaft und Liebesbeziehung. Du weißt ja in etwa, wie das so abläuft: Alles wird gut vorbereitet, Blumen werden gekauft, der Champagner gekühlt, man ist sauber geduscht und die Wohnung vorsichtshalber blitzeblank aufgeräumt, dezente Musik liegt auf und angenehme Düfte bereichern die Atmosphäre des möglicherweise ersten Zusammenseins. Einfach wundervoll, alles passt. Man bohrt weder in der Nase noch liegen Socken herum. Im Restaurant beim Essen ist die volle Aufmerksamkeit auf das Gegenüber gerichtet, man ist interessiert und hört geduldig, manchmal sogar stundenlang zu und lauscht der Stimme seines Gegenübers, als würde man jede einzelne Silbe voll und ganz in sich aufsaugen. Selbstredend sind sogar ausnahmsweise die Männer passend gekleidet, rülpsen und pupsen nicht.

Aber auch sie duftet betörend nach Rose, Jasmin oder anderem Wohlgeruch und versprüht eine knisternd-erotische Atmosphäre. Sie weiß genau, wie sie ihre Vorzüge und Reize ins richtige Licht setzt, sie war beim Friseur, hat

Maniküre gemacht und ist dezent geschminkt, vielleicht sogar ein klein wenig mehr.

Kein Mann könnte sich dieser Schönheit und keine Frau dem Charme eines solchen Mannes entziehen. Es ist einfach perfekt, das erste Date. Sie spricht nicht von ihren mannigfaltigen Problemen und er, der Mann, vergisst für diesen Tag seinen Minderwertigkeitskomplex, vielleicht sogar seine Arbeit. Ja, sie sind beide ganz in der Gegenwart – ganz da jetzt und hier – nur für den Anderen.

Natürlich ist klar, dass nicht viel wirklich für den Anderen ist, sondern – und dies ganz gezielt – nur für sich. Alles dreht sich um das Ziel der eigenen Bedürfnisse. Und das ist bei beiden so, daher durchaus in Ordnung. Beide spielen dasselbe Spiel.

Dass dies ein falsches Spiel mit fatalen Folgen ist, wird beiden wohl erst nach geraumer Zeit so richtig klar. Spätestens dann, wenn er sich seiner Sache sicher ist. Dann fliegen wieder die Socken, wird genüsslich gerülpst und gepupst und man findet es sogar noch lustig. Dann hat er aufgehört zu duschen, inhaliert wieder sein Bier und die gesamte sportliche Fitness wird vor dem Fernseher ausgelebt.

Aber kein Problem, denn auch sie konnte das gemeinsame, verlogene Spiel der heilen Welt des ersten Dates nicht lange aufrechterhalten. Sie beschwert sich nun ununterbrochen über dieses und jenes und alles. Irgendwann wird beiden klar, dass sie wohl auf das Schauspiel des anderen hereingefallen sind. Doch was jetzt? Man wohnt zusammen, ist vielleicht sogar schon verheiratet und hat Kinder, ein eigenes Haus (welches der Bank gehört), einen Hund oder ein Kätzchen oder beides und ist mit der Familie des Partners verbrüdert oder verfeindet, je nachdem, und ... tja, eben, nun stellt sich – vermutlich für beide – folgende Frage: Wie kommt man da wieder raus?!

Natürlich wird es auch beim nächsten Versuch, beim nächsten ersten Date wieder genau so laufen. Warum? Weil sich vermutlich keiner der beiden je die wesentliche Frage gestellt hat: Wie es dazu überhaupt kommen konnte?

Dabei ist die Antwort ganz einfach: Beide haben sich gegenseitig etwas vorgemacht. Sie haben sich so gezeigt, wie sie wussten, dass es dem anderen gefällt. Ein Trugbild, eine Lüge, wenn auch eine schöne. Aber sie wussten auch, dass sie dieses Bild nicht auf ewig aufrecht erhalten können. Daher musste alles schnell gehen, verlieben, verloben, heiraten ... Denn beiden ist klar, dass, je enger man sein Leben mit dem des anderen verwebt, umso schwieriger wird es, verlassen zu werden. Dass es auch schwieriger sein wird zu verlassen, das haben sie dummerweise ausgeblendet. Aber dazu später mehr.

Fazit: Was mit einer Lüge beginnt, wird nie von Dauer sein.

Wenn Du sichergehen willst, dass die Beziehung auch nach den ersten paar Jahren noch in alter Frische besteht, dann wäre mein Vorschlag: Verstelle Dich schon beim ersten Date nicht! Im Gegenteil! Sei lieber noch etwas schlimmer als gewöhnlich. Kommt es zu einem zweiten, so steht einer gemeinsamen Zukunft nichts mehr im Wege. Alles, was auftauchen könnte, ist ja schon vorweggenommen. Zur späteren Entspannung, zur Entlarvung und Ent-Täuschung kann es so nicht mehr kommen. Du hast also nicht viel zu verlieren, denn wenn der andere Dich wiedersehen will, obwohl Du schon beim ersten Date authentisch warst, dann habt Ihr wirklich Zukunft. Zumindest sind die Chancen gestiegen. Wenn er Dich nicht mehr sehen will, dann ersparst Du Dir wenigstens viel Zeit, Mühe und Enttäuschung.

Bedenke: Wenn Dich jemand nur liebt, wenn Du Deine Rolle spielst, dann liebt er mehr die Rolle als Dich!

Ich weiß, dass dies gerade am Anfang, wenn Du mit Hormonen überflutet bist, nur sehr schwer zu realisieren ist. Allerdings ist erwiesen, dass diese Flut nach rund sieben bis neun Monaten versiegen wird. Doch dann muss es ja trotzdem irgendwie weitergehen, oder? Also mein Rat: Sei ganz zu Beginn weise und klug, dann kannst Du Dir später eine Menge mehr an Dummheiten erlauben, ohne alles in Gefahr zu bringen oder gar die Beziehung zu zerstören. Sei vor allem dann weise, wenn Du verliebt bist und es ganz besonders schwierig ist, weise zu sein.

VERLIEBT SEIN IST NICHT LIEBE

Das wird leider oft verwechselt. Verliebt sein ist nicht Liebe. Liebe ist ein tiefes, ruhiges und allumfassendes Gefühl, welches nicht vorübergeht. So, wie wenn man seine Kinder liebt, seinen Hund oder seine Katze. Einerlei was sie tun, wohin sie gehen und mit wem sie zusammen sind, man liebt sie einfach. Über alles. Immer. Das ist Liebe.

Verliebt sein ist vergänglich, wild und ungestüm. Es ist wundervoll, aber es ist nicht groß genug, um jede Zelle Deines Seins zu durchfluten und es fühlt sich schnell bedroht, je nachdem, was der andere tut oder mit wem er sich gerade trifft. Es bewirkt keine langfristige tiefe, innere Ruhe und Verbundenheit. Es bewirkt eine wunderschöne, kurzfristige emotionale Hochphase. Und genau so, wie es bei einer Achterbahn nach der Auffahrt steil hinuntergeht, so wird dies hormonell auch geschehen. Erst dann, wenn man wieder unten aufgeschlagen ist, lässt sich erkennen, was von Deinen Gefühlen wirklich noch übrig ist. Dann wirst Du sehen, ob es wirklich Liebe ist. Lustig ist daher zu sehen, dass all jene, welche unbedingt schon innerhalb dieser ersten Phase des Verliebtseins zusammenziehen, sich verloben und heiraten, meist auch jene sind, die die größte Angst vor Verlust haben. Je schneller es geht, desto schneller ist es vorbei. Zumindest ist es meistens so, oder nicht?

Klar, Ausnahmen bestätigen die Regel. Natürlich auch hier. Nur eines: Ist es nicht so, dass jeder Verliebte wähnt, dass er diese Ausnahme sei? Nach einer gewissen Zeit wird es sich zeigen. Das ist gewiss. Bis dahin aber wäre es doch gewiss hilfreich, wenn man zumindest noch ein Stückchen seines eigenen Lebens beibehält und nicht gleich alles auf dem Altar des Verliebtseins opfert. Es bleibt ja immer noch genug Zeit. Später. Wenn der Kopf wieder klar ist.

Liebe ist nicht in Eile. Liebe hat Zeit.
Sie weiß, dass sie nicht vergänglich ist.

Sie weiß, dass sie durch nichts zerstört werden kann.

Je größer der Drang nach Verbindlichkeit ist, desto deutlicher muss man befürchten, dass unbewusste Zweifel in einem nagen. Je pompöser die Hochzeit ist, desto mehr Getöse wird die Scheidung begleiten.

Dies gilt auch für rein freundschaftliche Beziehungen. Je lautstärker man glaubt die Freundschaft betonen, ja sogar mit Superlativen wie ‚beste Freunde' ausstaffieren zu müssen, desto zarter wird die Verbindung in Wirklichkeit sein. Im Anfang liegt auch immer schon das Ende. Wer die Zeichen zu deuten vermag, wird daher nur selten von einer unerwarteten Trennung überrascht sein. Sicher, die Zeitdauer ist in diesem Reigen nicht festgelegt. Unter Umständen kann es Jahre oder Jahrzehnte dauern, aber es ist absehbar. Und wie ich schon sagte: Ausnahmen bestätigen die Regel. Doch eine Regel ist eben auch, dass diejenigen, welche sich als Ausnahme sehen, leider die Regel sind.

Das Wahre sucht nicht ständig nach Bestätigung.

Wenn Deine Liebste oder Dein Liebster Dir tausendmal am Tag versichert, wie sehr er oder sie Dich liebt, desto weniger wird es stimmen. Was tief im Innersten unsicher ist, das benötigt die stetige Versicherung.

Innerhalb der ersten Wochen mögen diese Liebesschwüre noch normal sein. Da ist man so verliebt, dass man in der Tat an nichts anderes zu denken vermag. Doch auch in der Liebe zählt im Wesentlichen nicht die Menge, sondern die Qualität. Es ist nicht maßgeblich, wie oft einem gesagt wird „Ich liebe Dich", sondern in welcher Qualität es Dir über die Lippen geht und aus dem Herzen fließt. Auch wenn man den Unterschied manchmal nicht hören mag, fühlen wird man ihn immer. Du fühlst es ja auch ganz genau, woher die Worte kommen, wenn Dir diese drei Worte aus dem Munde fallen: ob aus dem Herzen oder aus dem Verstand. Es schaden also nicht – schon gar nicht bei Dir selbst –, ganz genau hinzuspüren, was woher aus Dir kommt.

DEN MANN/FRAU, DEN DU SUCHST, DEN GIBT ES NICHT!

Es tut mir leid, Dir das so zu sagen. Ich versuche es noch einmal anders: Es gibt Männer und Frauen, die viel besser sind als jene, welche Du am liebsten haben möchtest. Das klingt doch schon viel besser, oder nicht?

Wir alle suchen nach dem perfekten Menschen, Liebhaber, Ehefrau, Ehemann, Kind, Geschäftspartner, usw. Was auch immer. Wir alle haben bestimmte Vorstellungen, wie dieser Idealpartner sein soll oder auch nicht. Aber Menschen sind nicht unsere Vorstellung. Menschen sind besser! Menschen sind echt. Du wirst, solange Du Deinen Träumen und Vorstellungen hinterhereilst, immer Kompromisse machen müssen. Und wenn schon, dann machst Du diese Kompromisse lieber in Äußerlichkeiten als in inneren Angelegenheiten.

Die innere Qualität eines Menschen kann einen äußeren Mangel immer wettmachen. Umgekehrt funktioniert das leider nicht. So haben es die sogenannten ‚schönen' Menschen nicht unbedingt einfacher, die wahre Liebe zu finden.

Den richtigen Partner findet man nicht mit den Augen, sondern ausschließlich mit dem Herzen!

Ich weiß, dass Du das weißt, aber ich weiß auch, dass Schönheit ein blendendes Licht sein kann. Gerne übertönt sie die Impulse des Herzens. Zumindest zu Beginn.

Sollte Deine Liebe wahrhaft sein und sich daraus eine langfristige Sache entwickeln, dann gilt folgendes: Schönheit und guter Sex ist eins. Aber irgendwann werdet Ihr älter und Deine Dir jetzt noch wichtigen, „primären Auswahlkriterien" weichen aus dem Blickfeld. Immer mehr Zeit wird man mit guten Gesprächen verbringen. Anderes wird wichtiger werden. Was aber nun, wenn zwar gut Liebe machen war, nicht aber ein gutes Gespräch zu führen ist? Tja, dumme Sache! Stell Dir bloß mal vor, wie dann die restlichen 10, 20 oder 30 Jahre werden?! Der Sex ist weg, Gespräche nicht möglich, das große Schweigen beginnt.

Zwischen all der Action in den ersten Jahren wird man nicht so sehr darauf geachtet haben. Man liebt sich, hat Pläne, verwirklicht seine Ziele, feiert Partys, arbeitet, gründet eine Familie, erzieht die Kinder und den Hund, poliert sein Auto und begeistert sich für Handtaschen, Schuhe und Hollywood ...

Aber auch dieser Film hat ein Ende. Nicht ganz ungeschickt wäre es daher, auch für das Leben danach noch sein Drehbuch fortzuschreiben, oder nicht? Solche Lebenspläne lassen sich allerdings nicht erst dann schreiben, wenn sie gebraucht werden. Darum prüfe, wer sich ewig bindet. Checke, bevor Du Dich festlegst, ob Du und Dein Zukünftiger oder Deine Zukünftige fähig seid, Euer Drehbuch auch bis zum Tod zu schreiben. Du wirst darauf achten, dass Ihr wirklich tiefe Gespräche führt, dass Ihr gemeinsam eine Vision entwickelt, die für Euch zur Garantie werden soll, Eure Beziehung wirklich ein Leben lang erfüllt führen zu können.

Du kannst also nie früh genug damit beginnen, Deine eigene Tiefe zu entwickeln, Dich für Dinge zu interessieren, die tiefer gehen als die gewöhnlichen „Daily-Soaps". Wenn Du das schaffst, dann steht Dir das Leben offen. Sollten Deine eigenen Interessen jedoch nur an der Oberfläche dümpeln, dann sieht es schlecht aus. Nutze Zeit mit Dir alleine, um zu entdecken, was Dich tief bewegt. Vertiefe Dein Bedürfnis, Dich in Dir zu versenken, dann kannst Du später auch genüsslich mit Deinem Partner sorglos die Zeit an der Oberfläche genießen.

Du wirst in Deinem Partner immer finden, was Du selbst bist. Manchmal ist es wirklich ein Segen, alleine zu sein, anstatt jemandem zu begegnen, der genau so ist wie man selbst. Jeder bekommt immer den Partner, der optimal in Gleichschwingung mit dem ist, was Du selbst bist. Du wirst daher auch niemals den falschen Partner wählen. Es mag sein, dass uns oft nicht gefällt, was dieser von einem selbst ans Tageslicht bringt. Es mag sein, dass uns nicht gefällt, dass dieser uns unsere Schattenseiten so deutlich macht. Solange Du aber selbst noch nicht tief mit Dir verbunden bist, glaube mir, so lange ist einer von Dir mehr als genug.

Wenn Du zu dem wirst, was Du suchst, dann findest Du auch das, was Dich glücklich macht. Dann, wenn Du schon glücklich bist.

Träume nicht von einem Menschen, der so ist, wie Du es Dir wünschst. Glaube mir, es wäre unerträglich mit so jemandem. Sei einfach so, wie Du Dir den anderen wünschst. Dann wirst Du erleben, dass Du einem Menschen begegnen wirst, der Dir Deine Wünsche zu erfüllen vermag. Wir benötigen nicht den perfekten Menschen an unserer Seite, sondern einen echten, einen authentischen mit genügend Tiefgang für mindestens ein ganzes Leben. Der Mensch nährt sich nicht vom süßen Dessert, sondern vom gehaltvollen Hauptgang. Lass Dich also nicht vom Zuckerguss reizen. Zumindest nicht dann, wenn Du nach Nahrung suchst.

Lass Dich vom Leben überraschen!
Erwarte nichts und Du bekommst alles.
Erwarte alles und Du bekommst nichts.

Partnerschaftliche Erwartungen sind oft voller ‚Kompensations-Wünsche'. Sie nähren sich aus Altem. Es wird Dich nicht glücklich machen, ein Abbild Deiner Mutter oder Deines Vaters als Partner(in) zu wählen. Das, was Du suchst, ist etwas vollkommen Neues. Daher werde zuerst Du ganz neu! Erneuere Dich.

DER ULTIMATIVE BEZIEHUNGSKILLER

Der ultimative Beziehungskiller ist und bleibt nach wie vor das Verbot. Wenn eine Beziehung dazu gedacht wäre, dass man sich gegenseitig Vorschriften macht, dann würde man nicht von Liebe, sondern von einem Lebensvertrag sprechen. Nun, wer will aber schon heute einen Vertrag unterschreiben, nach dem man sich für den Rest seines Lebens zu richten hat?

In den meisten Köpfen geistert jedoch herum, dass es in Ordnung ist, dem Partner Vorschriften zu machen. Nein! Das ist es nicht. In einer Beziehung geht es vor allem darum, dem anderen alles das zu ermöglichen, wonach dieser sich sehnt. Es geht nicht darum, dass der andere alles tut, damit ich meinen Ängsten nicht begegnen muss. Das ist keine Freundschaft und schon gar keine Liebe. Liebe schafft einen Raum, in dem alles sein darf, was sein will, und wenn dies gegenseitig ist, dann spricht man von bedingungsloser Liebe. Alles andere ist zum Scheitern verurteilt und hält maximal für ein Leben, aber nicht für die Ewigkeit.

Verwunderlich, dass die Meisten so denken, ist es aber nicht. Wir sind zu sehr daran gewöhnt, uns nach Vorschriften zu richten und selbst dergleichen zu erlassen. Zuerst sagen einem ja schon die Eltern, was man zu tun und zu lassen hat. Danach dann die Lehrer, die Behörden, die Freunde, der Nachbar usw. Würdest Du Dich auch nur für einem einzigen von diesen entscheiden, ein Leben zu verbringen? Und weshalb nicht? Weil sie immer glauben, dass sie schon wissen, was gut für uns ist und was nicht. Der Mensch aber will sich frei fühlen. Der Mensch ist ein Abenteurer und das muss er auch sein. Er hätte sonst niemals über die unzähligen Generationen hinweg überleben können. Sobald der Menschen bevormundet wird, regt sich Widerstand. Das ist normal. Aber willst Du Dich stets im Widerstand in Deiner Beziehung erleben? Ich jedenfalls nicht.

Eine Beziehung ist ein Hort, wo man sich zurückziehen und wohlfühlen kann. Hier erholt man sich von den Abenteuern des Alltags. Hier tankt man neue Kraft.

Wird dieser Hort durch Verbote und Einschränkungen zum Gefängnis, dann sind Fluchtgedanken das Erste und Natürlichste, was entsteht. Viele solcher Verbote werden natürlich nie ausgesprochen. Dennoch wirken sie. Langsam, aber sicher wird es eng. Das Gefängnis: Beziehung wird dunkler. Gesellschaftliche Normen, Einbindung in Familien und Freundeskreise, finanzielle Abhängigkeiten und nicht zuletzt religiöse Dogmen leisten das Ihre dazu.

Dazu braucht man heutzutage nicht mal mehr das Haus zu verlassen, genügend TV-Konsum reicht da schon. Sanft und zielsicher werden in jedem Spielfilm moralische Ansichten und Wertmaßstäbe in unser Bewusstsein gepflanzt. Selten – wenn überhaupt – bemerken wir als Zuschauer das. Oder ist Dir schon mal bewusst geworden, dass zum Beispiel die meisten Liebesfilme immer mit einer Hochzeit enden? Aber muss jede Beziehung wirklich vor dem Altar landen? Hört das Leben wirklich mit der Hochzeit auf?

Wir sollten mal etwas genauer hinschauen in Sachen Liebe, Beziehung und wann sie wundervoll sind und ab wann nicht mehr. Wir kennen das ja alle aus unserem Leben, nicht wahr? Es gibt in jeder Beziehung Zeiten, da fühlt man sich himmlisch. Eben so, als ob man gerade frisch verliebt wäre. Doch selten konnte man diesen Zustand über einen längeren Zeitraum aufrechterhalten, nicht wahr? Ist das wirklich so unmöglich? Ich glaube nicht! Ich sage nicht, dass es einfach ist, aber ich sage: Es ist möglich!

WIE LIEBE
DIE VERLIEBTHEIT ÜBERWINDET

Wenn Du genau hinschaust, dann wirst Du rasch bemerken, dass zu Beginn einer Beziehung jeder jeden machen lässt, wie er will. Man verlangt nichts, man fordert nichts und man verbietet nichts. Noch wissen beide, dass sie nicht über das Recht verfügen, den anderen einzuschränken. Zumindest so lange nicht, bis man sich gegenseitig abgesichert hat, stimmt's? Bei genauerem Hinsehen wird rasch klar, dass, sobald man beginnt sich sicher zu fühlen, diese Hemmung überwunden wird und die ersten Regeln werden formuliert.

Zuerst heißt es noch: „Es wäre so lieb von Dir, wenn ...", später heißt es dann: „Es wäre nett, wenn Du ...", noch etwas später: „Ich hätte gerne ...", dann: „Ich möchte ...", dann: „Ich will ..." und zum Schluss: „Du musst, darfst oder darfst nicht ...". Der Anspruch steigert sich proportional im Verhältnis zur scheinbar gewonnenen Sicherheit.

Und ab wann beginnt wohl die Sicherheit so richtig sicher zu scheinen? Genau, nach der Hochzeit. Nein, nein, ich habe nichts gegen das Heiraten, zumindest nicht prinzipiell. Ich bin bloß dagegen, dass man zu früh heiratet. Zu früh meint, dass man heiratet, lange bevor man was von der Natur der Liebe versteht, lange bevor man auch nur ein Stückweit die Fähigkeit entwickelt hat, bedingungslos(er) zu lieben. Wie meinst Du? Da hätte ja kaum eine Ehe eine Chance? Tja, in der Tat. Was aber nicht bedeutet, dass alle Ehen auseinandergehen oder ganz fürchterlich sein müssen. Nein. Viele können sich auch arrangieren. Tatsächlich tun dies die meisten Pärchen auch früher oder später. Aber die Ehe sollte mehr, viel mehr sein als bloß ein geschickt eingefädeltes Arrangement, oder was meinst Du?

Mir ist die Liebe heilig. Wenn meine Beziehung zum Arrangement wird, dann weiß ich, dass das Ende naht.

Sicherheit ist der Feind der Liebe.

Im Umkehrschluss kann die Liebe recht leicht am Leben gehalten werden! Kann recht leicht lebendig bleiben! Dazu müssen wir lediglich das Ding mit der Sicherheit bleiben lassen. Klar, Sicherheit zu geben, ist ein leichtes und verlockendes Angebot, aber auch ein verhängnisvolles.

Doch gibt es wahre Sicherheit überhaupt? Wer kann denn schon von sich sagen, dass er weiß, was in ein paar Jahren sein wird? Auch wenn es keiner kann, tun doch irgendwie alle so, als könnten sie es. Man sichert sich ab. Nach allen Richtungen. Warum? Weil es eine Kunst ist, mit Unsicherheit umzugehen.

Mit Unsicherheit umzugehen hat uns nie jemand beigebracht. Im Gegenteil. Stets wurde uns gelehrt, wie wir uns immer noch weiter absichern können. Schließlich kann man ja nie sicher genug sein! Doch ab wann ist man denn wirklich sicher? Und vor was?

Ich garantiere Dir, auf diese blinde, pragmatische Weise wird man es nie schaffen. Die einzig wahre Sicherheit liegt in der Unsicherheit (welch ein Widerspruch). Nur in der Unsicherheit kann die Liebe ungehindert fließen. Und der Fluss der Liebe, der ist mal sicher. Sobald dieser Fluss aber unterbrochen oder behindert wird, greift die Angst wieder blind um sich.

Die Sicherheit in der Unsicherheit findet man durch Vertrauen. Vertraue dem Universum, vertraue der Schöpfung, vertraue dem Leben und wisse, dass alles gut ist, wie immer es auch ist.

Da gibt es eine Intelligenz, welche die unsrige bei Weitem übertrifft. Menschen nennen es ‚Gott', ich nenne es ‚das Universum' oder ‚das Leben'. Nenne Du es, wie Du möchtest, aber vertraue! Vertraue dieser höheren Instanz. Denn das, was sich als Unsicherheit präsentiert, ist nur die in etwas größeren Zeitabständen wirkende Intelligenz, ist Ordnung und Essenz allen Lebens. Wenn Du ihr nicht vertrauen kannst, wem sonst willst Du vertrauen?

Auf diese Weise kannst Du die Liebe über die Zeit retten, kannst sie über die Verliebtheit hinaus in Dir bewahren und entfalten. So ebnest Du den Weg in eine dauerhafte, erfüllte und erfüllende Beziehung.

Liebe ist über alle Grenzen hinaus – selbst über die Grenze des Todes – möglich. Sie ist, und das ist realistischer als alles, was Du jemals zuvor erlebt hast. Ja, Du tauchst ein in die Wirklichkeit. Früher nannte man diesen Vorgang: Erleuchtung. Eine gute Beziehung ist immer erleuchtet und verbindet die Herzen derer, welche miteinander in Beziehung stehen. Sie verbindet einander mit einem strahlenden Lichtband gleich der Möbiusschleife. Liebe fängt nirgendwo an und hört nirgends auf. Wenn man erst einmal in ihr ist, dann fließt man im Strom unendlicher Liebe und Wertschätzung mit allem, was ist. Du bist jetzt wieder in Resonanz mit der Quelle der Liebe und diese Resonanz alleine schafft es, die bittersüße Schale der Verliebtheit in eine wahrhaft göttliche Liebe zu wandeln. Jetzt ist das, was ich Beziehung nenne, überhaupt erst möglich. Jetzt begrenzt sich Deine Liebe nicht mehr bloß auf Deine Partnerschaft, sondern dehnt sich aus auf alles, was das Leben für Dich bereithält. Du beziehst nun das Leben selbst mit ein.

Das Leben selbst ist ein steter Fluss der Veränderung. Diese Veränderung geschieht sowohl außerhalb wie auch innerhalb von Beziehungen. Wer mit Veränderung nicht umgehen kann, für den wird früher oder später das Leben und auch jede Beziehung vor allem eines: anstrengend.

Kein Mensch bleibt, wie er ist, es sei denn, er ist tot. Ansonsten geschieht immer Wachstum und somit Veränderung. Veränderung jedoch kann ängstigen und so ist es nicht verwunderlich, dass wir gerne schnell jemandem wünschen: „Bleib, wie Du bist." Oberflächlich gesehen mag dies gut gemeint sein, doch bei genauerem Betrachten muss man sich fragen: Will da jemand meine Entwicklung verhindern? Will mich da jemand im engen Rahmen seiner Vorstellung halten? Und wieso? Ganz einfach: weil er zufrieden mit Dir ist. Du dienst ihm so, wie Du gerade bist, am besten. Du bist so, wie er Dich haben will. Und das macht Dich für ihn sicher. Aber wolltest Du ursprünglich nicht einmal so sein, wie Du bist?

LIEBE KENNT KEINE ANGST

Früher herrschte einmal die Ansicht, dass Eifersucht der Liebe und einer Beziehung das gewisse Etwas verleiht. Ja, das stimmt schon, ‚etwas' verleiht sie schon, die Eifersucht, aber was? Stress, Streit, Zwietracht und Trennung, das kommt mit der Eifersucht. Ich denke, dass wir auf diese Prise Salz in der Suppe besser verzichten sollten. Schnell wird sie sonst ungenießbar.

Liebe ist eigentlich eine Ersatzbezeichnung für Vertrauen. Für hundertprozentiges Vertrauen in einen Menschen. Dieses Vertrauen richtet sich nicht nur auf den, der vertrauenswürdig ist, sondern und vor allem auch auf jenen, der sich auf dem Weg hin zur Vertrauenswürdigkeit befindet. Vertrauen, wie auch die Liebe, sind immer Vorschussgaben. Gib jedem Menschen diesen Vorschuss. Danach halte dann aber nicht Ausschau nach Beweisen, sondern nach Hinweisen der Vertrauenswürdigkeit. Diese wirst Du bei jedem Menschen finden. Mit Deiner Energie, mit dem, worauf Du Dein Bewusstsein ausrichtest, wirst Du auch genau das im anderen nähren.

Wenn also Dein Bewusstsein von Angst gesteuert ist,

wird Dein Bewusstsein Dir auch all das präsentieren, was Dir Angst macht und Dich bestätigt. Lenkt jedoch Liebe und Vertrauen Deine Aufmerksamkeit, so wird Dir nach und nach auch Liebenswertes und Vertrauenswürdiges offensichtlich. Jeder Mensch, auch Du, hat immer zwei Seiten. Welche der beiden Seiten wir jedoch im anderen sehen und mit ihm leben, hängt allein von uns und unserem Fokus ab.

Liebe fürchtet keinen Verlust, keinen Betrug, kein Hintergangen-Werden, kein Zu-kurz-Kommen. Liebe weiß, dass alles, was ist, immer nur zu seinem Besten geschieht. Keiner kann Dich betrügen, jeder betrügt nur sich selbst. Nimm es also nicht persönlich, wenn Dir das passiert, es hat nichts mit Dir zu tun. Der andere liebt Dich, auch wenn er sich Dir gegenüber unfair verhält. Wäre dem nicht so, dann gäbe es auch keine Grundlage, sich überhaupt zu begegnen. Lass Dich nicht vom Spiel täuschen. Manche Menschen haben sich entschlossen – auf einer höheren Ebene in Absprache mit Dir –, dass sie für Dich eine miese Rolle spielen. Sie würden es nicht tun, wenn sie Dich nicht lieben würden, von Seele zu Seele. Liebe und Hass bestehen aus der gleichen Energie. Sie befinden sich lediglich am gegensätzlichen Ende dieser einen Linie. Hass, der sich entwickelt, wird zu Liebe, und Liebe, die durch Angst in ihrer Entwicklung sinkt, wird zu Hass. Nur deshalb können Liebende manchmal so grausam zueinander sein. Daher ist es gut zu wissen, dass selbst ein Schlag ins Gesicht Liebe ist, wenngleich auch in seiner niedersten Form.

Ich weiß, das klingt im ersten Moment verrückt, aber bitte lass es einfach mal ein wenig wirken.

Wo keine Liebe ist, da kann auch kein Hass sein. Das ist der Grund, weshalb Liebe und auch Hass dieselben anziehenden Eigenschaften aufweisen. Es gibt grundsätzlich zwei Möglichkeiten, um im Leben etwas zu erfahren, wie Du etwas in Dein Leben hinein erschaffen kannst: 1. man will es (Wunsch) oder 2. man will es absolut nicht (Widerstand). Dies sind die zwei primären Methoden, wie Du Deine Realität erschaffst.

Wahre Liebe liebt aber auch die Angst, womit sie sich integrieren und auflösen kann. Daher stimmt auch die Aussage, dass Liebe keine Angst kennt. Transformierte Angst wiederum ist Liebe. Daher kennt die Liebe nur die Liebe und wer diesen Zustand kennt, der weiß, dass die Aussage „Alles ist Liebe" wahrlich stimmt.

Liebe sieht überall Liebe, Angst sieht überall Gefahren. Liebe vertraut, Angst misstraut. Das sind zwei grundlegend erfahrbare Möglichkeiten, wie sich Leben auszudrücken vermag. Du aber bist es, der wählt! Also, auf welche Realität fällt Deine Wahl? Welche hast Du bisher gewählt? Welche würde Dir voraussichtlich mehr Freude bereiten?

Wenn Du jemanden liebst, wahrhaftig liebst, dann wird es Deiner Liebe niemals abträglich sein, ob Dich der andere belügt, betrügt oder bestiehlt. Liebe ist und bleibt unerreichbar für menschliche Fehler. Wenn Dein Partner

Dich betrügt, dann mag es wohl Dein Ego stören und es ärgert sich , aber deswegen ist die Liebe ja nicht einfach verschwunden. Wenn Dich Dein Kind ärgert, Dich belogen und betrogen hat, dann wirst Du es ja trotzdem weiterhin lieben, oder? Sollte dies in einer Partnerschaft anders sein, dann erlaube ich mir, an Eurer Liebe zu zweifeln. Liebe, echte Liebe verkraftet alles. Sie nimmt es nicht persönlich, nichts. Liebe ist mehr als bloß Vergebung, denn sie trägt nichts nach, nimmt nichts übel und daher besteht für die Liebe auch kein Anlass zur Vergebung. Nur was verletzt wird, kann vergeben, und das Einzige, was verletzt werden kann, ist Dein Ego. Denk mal darüber nach.

EIN LIEBESVERSPRECHEN IST IMMER EINE LÜGE

Gut, es ist romantisch, wenn man jemandem seine Liebe verspricht. Vor allem Frauen hören das gerne: Du bist die Einzige, ich werde Dich ewig lieben und ich liebe nur Dich. Ich könnte niemand anderen je so lieben wie Dich. Ein Liebes-Versprechen ist kein Eheversprechen. Die Ehe kann man jemandem versprechen und diesen dann heiraten. Das ist kein Problem und auch keine Lüge. Aber Liebe zu versprechen ... Liebe, etwas so Filigranes und Augenblickliches versprechen, das geht nicht. Du kannst sagen: „Ich liebe Dich". Und das wird wahr sein. Aber sobald Du sagst: „Ich werde Dich immer lieben und Dir immer treu sein, weil ich Dich so sehr liebe", dann ist das mehr eine Prophezeiung als Wahrheit. Es mag wahr sein, dass Du dies im Augenblick so fühlst, aber Du kannst nicht wissen, wie lange dieses Gefühl anhält. Es mag ein Wunsch sein, gut, aber so etwas zu versprechen ist fahrlässig und wird sich in den meisten Fällen als unwahr erweisen.

Ein Versprechen ist mehr eine ‚Vorhabensbekundung' als eine Versicherung. Und wenn man liebt, dann ist das Vorhaben eh klar. Tiefenpsychologisch betrachtet würde ein Versprechen lediglich darauf hinweisen, dass der Betreffende bereits jetzt schon unbewusst an der Beständigkeit dessen zweifelt, was er verspricht.

Es mag sein, dass Du das nicht glauben willst. Das kann ich gut verstehen, dennoch ... Nur weil Du selbst schon so manche Male Versprechen abgegeben hast oder noch abgibst, heißt das nicht, dass man darüber nicht mal intensiv nachdenken sollte, kann oder gar müsste. Schau einfach mal zwanzig Jahre zurück. Welche Versprechungen hast Du bezüglich der Liebe schon gemacht? Und wie viele davon haben sich verändert? Aha ...

Gut, vielleicht ist der Titel dieses Abschnitts ein wenig zu provokativ. Genau genommen ist es in dem Moment, in dem man es sagt, nicht wirklich eine Lüge, sondern bloß Unwissenheit. Man meint es in diesem Augenblick ja wirklich und man glaubt es auch. Aber eben, mit ein wenig Lebenserfahrung und Durchblicken ist es leicht, die richtigen Einsichten zu entdecken. Schließlich käme ja auch keine Frau jemals auf die Idee zu versprechen, dass sie eine Frau ist. Männer natürlich auch nicht. Und warum nicht? Weil das jeder sehen kann und es einfach wahr ist. Genauso ist es auch in der Liebe. Wenn sie wirklich da ist, dann weiß es jeder, sieht es jeder und niemand wird daran zweifeln. Jeder wird spüren: das ist so! Worte darüber zu verlieren, wäre sinnlos.

Je öfter Dir Dein Partner beteuert, dass er Dich liebt, desto fragwürdiger wird es.

FREIE LIEBE

Eines gleich vorweg: Ja, ich bin für die freie Liebe. Denn wahre Liebe ist immer frei. Allerdings bemerke bitte, dass ich freie Liebe sage und nicht: freier Sex. Obwohl ich auch dafür bin. Dennoch, es ist nicht dasselbe. Bitte verwechsle es also auch nicht.

Freie Liebe bedeutet, dass ich und auch Du und auch Dein Partner das Recht besitzen, jeden zu lieben, den er oder sie möchte. Liebe lässt sich nicht einschränken und nur auf eine Person fixieren. Liebe ist der Atem des Lebens! Er strömt unaufhaltsam nach allen Seiten und wird – im Gegensatz zu allen Befürchtungen – niemals weniger, wenn er geteilt wird. Im Gegenteil, wenn man Liebe teilt, vermehrt sie sich.

Liebe muss frei sein, muss sich entfalten können und sich verströmen dürfen, sonst stirbt sie. Sobald Du die Liebe eines anderen Menschen voll und ganz nur für Dich beanspruchst, wirst Du sie verlieren, lange bevor Du sie je gehabt haben wirst. Liebe ist nicht etwas, was man besitzen kann, Liebe ist wie Gott, man kann dieses Wunder nicht ergreifen, aber man kann sich von ihm ergreifen lassen. Die wertvollsten Dinge sind immer augenblicklich, immer in Bewegung und immer im Fluss. Sie sind nicht statisch. Und selbst wenn Du den selben Menschen wie heute auch morgen noch liebst, ist die Liebe eine andere, eine neue, eine wiederum augenblickliche. Nur eine solche Liebe hält ewig: die ewig neue Liebe. Diese Liebe ist frei und ich kann Dir versichern, sie wird es auch immer bleiben. Ganz egal, wie sehr Du sie manchmal auch festhalten möchtest, es wird Dir nicht gelingen. Du kannst sie nicht ergreifen! Versuche sie lieber zu begreifen!

Es gibt Menschen, die sind wahrhaft besessen von der Liebe zu ihrem Partner. Würde eine Trennung anstehen, so würden sie daran zerbrechen oder gar dem anderen etwas antun. Woher kommt das? Ist es, weil die Liebe so groß ist? Nein, es kommt von einem Missverständnis. Sie glauben, dass sie die Liebe und somit auch den betreffenden Menschen besitzen könnten. Sie glauben ein Recht – ein alleiniges Recht – auf dessen Liebe zu haben. Das ist der Irrtum. Keiner hat niemals ein Exklusivrecht auf Liebe und schon gar nicht auf einen Menschen. Dabei spielt es keine Rolle, ob dieser Andere Dein Partner, Kind, Elternteil oder Freund ist. Alles ist frei.

Ich weiß nicht, woher dieser ganze Irrglauben kommt, dass die meisten Menschen glauben, dass je mehr sie besitzen, desto freier wären?! Das Gegenteil ist der Fall. Nicht das, was Du hast, sondern das, wem Du gehörst, ist maßgeblich dafür, ob Du frei oder unfrei bist. Du kannst Dich entscheiden: Gibst Du Dich einem Menschen oder

der Liebe hin? Willst Du einem Menschen gehören oder der Liebe? Willst Du, dass Dir ein Mensch gehört, oder willst Du die Liebe erfahren? Du entscheidest. Du entscheidest das in jedem Augenblick Deines Lebens immer und immer wieder, ununterbrochen ... Liebe ist die Quelle allen Seins und wenn Du Dich für sie entscheidest, dann wirst Du immer genährt sein. Entscheide Dich anders und Du wirst zwar auch satt, aber Dich trotzdem nie erfüllt fühlen.

Eines Tages wird den Menschen das alles klar sein. Es wird ihnen klar sein, dass Liebe die wahre Nahrung der Seele ist und dass es nicht reicht, nur den Körper zu füttern. Der Mensch lebt um einiges länger als sein Körper und es wäre durchaus weise und vorteilhaft, die Seele dabei nicht verhungern zu lassen. Denn die Kraft, die Dich trägt, – nach dem Verlassen des Körpers – ist die Liebe. Jene Liebe, welche in Deiner Seele gelebt hat, während Du noch einen Körper aus Fleisch und Blut hattest. Daher sage ich:

Die Zukunft ist jetzt!

Verschiebe weder Deine wahre Nahrung noch die Entscheidungen Deiner Weisheit auf morgen. Morgen könnte es schon sein, dass Du gut genährt und erfüllt sein solltest, um Deine Weiterreise bewerkstelligen zu können.

Ich weiß, ich habe gerade einen sehr weiten Bogen der Liebe gespannt. Vielleicht dachtest Du, dass ich mich auf diese eine – Dir real erscheinende – Ebene der Liebe beschränken würde. Das kann ich nicht. Würde ich das tun, dann würde ich der Liebe und dem, was Liebe tatsächlich ist, nicht genügen. Ich fordere Dich hiermit also klar und deutlich auf, Dich für die wahre Liebe, jenseits Deiner persönlichen Bedürfnisse zu entscheiden, für Dich, für mich und für die Welt. Es ist die einzige Rettung für alle menschlichen Probleme, die uns Menschheit in die Knie zwingen. Alles Leid resultiert letzlich aus einem Mangel an Liebe. Beginnen wir also im Kleinen, bei uns selbst und in unseren Partnerschaften und Familien. Dann können wir sie ausströmen lassen und der Erde bei ihrer längst fälligen Transformation behilflich sein. Ja, denn nur die unversiegbare Liebe des Planeten ermöglicht es uns – trotz allem Raubbau, den wir Menschen betreiben –, dass wir noch lebensfähiges Territorium haben. Auch die Menschheit lebt in einer Liebesbeziehung zum Planeten! Die Erde ist gewissermaßen unsere Mutter und auch sie benötigt unsere Liebe, um zu überleben. Allerdings sollten wir uns bewusst sein, dass eher die Erde ohne Menschen als die Menschen ohne Erde überleben wird.

Die Nahrung der Erde ist die Liebe der Menschen zu ihr und unter ihresgleichen. Daher muss die Liebe frei sein! Und notfalls bedenke: Die Liebe selbst kann um einiges besser ohne Dich sein als Du ohne sie. Setze also nicht fahrlässig und cool aufs falsche Pferd, denn das würdest Du mit Sicherheit bereuen.

Sei frei, lebe frei und liebe frei!

Lieber alleine und frei, als in liebloser Gesellschaft und gefangen.

FREIE LIEBE - DAS EWIGE MISSVERSTÄNDNIS

Diesen Abschnitt bitte nicht lesen, wenn Du dazu neigst, eine traditionelle Beziehungsform zu führen. Dies könnte nämlich bewirken, dass Du mich total falsch verstehen würdest.

„Freie Liebe" hat nur am Rande etwas mit ‚Sex' zu tun – auch wenn dies immer wieder und gerne missverstanden wird. Aber: Liebe muss frei sein!

Sobald die Menschen hören, dass ich für die ‚Freie Liebe' plädiere, zucken sie innerlich zusammen. Warum denn bloß?! Weil sie immerzu an Sex denken. Wer bei dem Begriff ‚Freie Liebe' keinerlei dergleichen Regung in sich spürt, sei ausgenommen. Aber mit Sicherheit betrifft dies nicht mehr als 0,01 % aller Menschen. Eigentlich ziemlich beschämend. Denn das bedeutet, dass die meisten Menschen Sex mit Liebe gleichsetzen, wenn nicht sogar noch ‚über' der Liebe platzieren. In Wirklichkeit fällt einem ja immer zuallererst ein, was man als wichtigstes empfindet.

Wenn man berechnet, wie hoch der prozentuale Anteil ist, den Sex in einer Beziehung einnimmt – er wird ja mit der Zeit immer weniger –, dann schätze ich seinen Anteil auf durchschnittlich etwa 1 % (!) Das ist verschwindend wenig! Aber dennoch, dieser Bereich nimmt einen extrem hohen Stellenwert im Bewusstsein der meisten Menschen ein. Das ist vollkommen verrückt! „Wehe, wenn Du Sex mit ‚jemand anderem' hast, dann ist es aus!" Sofort behaupten die Betroffenen, welche sich nun – wie sie glauben zu Recht – als die Betrogenen fühlen: „Du hast mich ja so tief verletzt! Du Schwein!" Nachdem die erste Wut sich langsam gelegt hat, hagelt es meist noch ein paar Jahre lang Vorwürfe. Der/die andere fühlt sich schuldig, gemein und schlecht. Man glaubt, dass einem wohl schneller verziehen würde, wenn man nur genug leide und Reue zeige. Unter Reue verstehen die meisten dann, fortan alle Wünsche des anderen erfüllen zu müssen und ähnliches. Sie versprechen, ja mehr noch, sie geloben, so etwas nie mehr zu tun und von nun an ganz artig zu sein. Die meisten können dann ein Leben lang nicht mehr aus ihrer Realität: ‚Ich der/die Böse, der andere der/die Gute' aussteigen. Sie ziehen von nun an in jeder Entscheidungsfrage den Kürzeren. Weil ... sie sind ja schuldig. Sie brauchen Bestrafung, sie müssen dafür büßen. Für diese ‚Null-Komma-Irgendwas' Minuten oder Stunden des Lebens, büßen sie nun rund um die Uhr ein Leben lang. Wow! Wie beeindruckend! Wie viel Macht der/die andere doch nun plötzlich hat (...)

Gut, ich muss zugeben, es gibt heute auch eine bessere, viel üblichere Lösung: Es kommt zur Trennung. Alles ist ja wohl besser als die oben beschriebene Variante. Wir stellen also fest, dass ein recht geringer Anteil Sex in unseren Beziehungen 100 % an Macht besitzt. Wenn das normal sein sollte, dann weiß ich auch nicht mehr ... ! Kein Wunder, traut sich keiner mehr von freier Liebe zu sprechen, riskiert man doch von 99 % der Menschheit dafür verurteilt zu werden. Und das Verrückte daran ist, dass sie nicht einmal wissen, wovon ich spreche! Ich sage ja Liebe, nicht Sex. Natürlich ziehe ich auch beim Sex nicht die Grenze, aber darum geht es nicht. Zumindest nicht mehr als 1 %. Sobald Du es Dir mal erlauben kannst, wirst Du bemerken, dass dieses eine Prozent sehr rasch immer weniger wird. Von alleine. Es übt einfach nicht mehr denselben Reiz in Dir aus wie etwas, das verboten ist. Und sollte es dennoch zu einem zärtlichen Zusammensein außerhalb Deiner offiziellen Beziehung kommen, dann kannst Du es wenigstens von ganzem Herzen genießen. Du brauchst dann keine Angst zu haben, deswegen, wegen dieser läppischen paar Minuten, Deine Beziehung, Deine Ehe oder Familie zu zerstören. Im Gegenteil! Die Liebe, die in diesen Minuten zu fließen begann, fließt nun auch in Deine Beziehung zu Deinem Partner und ... das bereichert beide! Eigentlich kann man gar nicht gegen die ‚Freie Liebe' sein, wenn man für die Liebe an sich ist. Liebe muss frei sein!

Sobald Du versuchst, Liebe einzugrenzen oder auf bestimmte Personen wie Partner, Eltern, Kinder oder Freunde zu begrenzen, tötest Du sie – unerbittlich.

Liebe ist ein Ozean, kein Rinnsal. Versuche es zu begrenzen, errichte einen Staudamm und Du wirst bald feststellen, was geschieht, wenn dieses Meer an Liebe zu fließen beginnt. Zwinge diesen Fluss der grenzenlosen Liebe in einen begrenzten, begradigten Flusslauf und Du wirst bald erschrocken darüber sein, wie gewaltig die Verwüstungen sind, wenn der Fluss über die Ufer tritt. Er wird alles mitreißen, was ihm in die Quere kommt. Es ist eine Kraft von unvorstellbarem Ausmaß. Es ist eine Naturgewalt, die Dein Leben durcheinanderwirbeln kann.

Freie Liebe hat nichts mit sexueller Perversion zu tun. Perversionen entwickeln sich erst dadurch, dass wir ihr nicht freien Lauf lassen. Die Menschen trauen sich nicht. Sie sind zu feige. Wir sollten uns davor fürchten, was alles geschehen kann, wenn wir weiterhin die Liebe so unterdrücken! Wir werden uns wünschen, nie jemals diese Schritte gegangen zu sein, nie jemals damit angefangen zu haben, die Freiheit der Liebe in unsere viel zu kleine Vorstellung von ihr zu pferchen. Aber dann ist es ja meist zu spät. Dann, wenn wir unsere Fehlentscheidung bemerken, heißt es meist nur noch: ‚Schwimmweste anziehen, die hohen Gummistiefel her und irgendwie über Wasser bleiben.' Viel Vergnügen. Was denkt Ihr denn, weshalb so viele sexuelle Übergriffe ausgerechnet immer wieder dort passieren, wo sie auf keinen Fall geschehen sollten: in Heimen, Kirchen, Klöstern, Familien, Schulen, in ärztlichen Praxen, während Therapien oder in anderen Abhängigkeitsverhältnissen mit Schutzbefohlenen oder gar Schutzbedürftigen? Weil jede Moralvorstellung, jedes morbide Gesetz, alles, was die freie Entfaltung der Liebe verbietet, dieser Mauer gleichkommt, die letztlich den Fluss zum Überlaufen bringt. Meist ist es bloß eine Frage der Zeit, bis das Unheil geschieht. Liebe darf nie eingesperrt sein, einerlei wie vielen moralischen Vorstellungen oder traditionellen Überlieferungen dies zu widersprechen scheint. Tut man es, wird´s gefährlich.

Die Ehe, oder auch entsprechend andere Glaubenskonzepte, beschwören das Unheil geradezu herauf. Gut, es kann Dir zwar keiner sagen, was ‚richtig' und was ‚falsch' für Dich ist, aber es für Dich selbst herausfinden, Deine eigenen Wege finden und die für Dich richtige Variante entdecken, das kannst Du. Sobald Du Dich aber zu etwas anderem verpflichtest oder Dich verpflichten lässt, als frei zu sein, so wie es Deiner Natur entspricht, wird das Schicksal seinen Lauf nehmen. Alles, was unfrei ist, alles, was unterdrückt wird, jedes Volk, jeder Glaube, jede Regung des Lebens wird eines Tages rebellieren. So wie die Schafe am liebsten jenes Gras fressen, welches hinter dem Zaun wächst, will jeder Mensch intuitiv aus seinen Begrenzungen ausbrechen. Will frei sein. Jeder Gefängnisinsasse denkt ununterbrochen ans Ausbrechen, an die Flucht, raus und weg aus den Mauern! Die einzige Möglichkeit, diesen Drang zu vermeiden, ist: keine Mauern und Zäune mehr um sich herum zu erbauen.

Ich bin nicht grundsätzlich gegen die Institution Ehe und schon gar nicht gegen Sex. Aber ich stehe auch nicht dafür, dass man so wunderbare Naturkräfte einsperrt und fehlleitet. Ich vermute, dass alles fehlgeleitet ist, was man ablehnt, und ich vermute, dass der Mensch nur das einsperrt, zu dem er in Widerstand ist. Letztlich lehnen die Menschen so sich selbst und das Leben ab.

Solange der Mensch sich selbst ablehnt, wird er gegen die Freiheit der Liebe sein.

Wer sich selbst ablehnt, zeigt, dass er sich fürchtet: vor sich selbst fürchtet. Man hat Angst vor dem eigenen Leben. Alles, das ganze Leben ist ja immerhin auch so voller Gefahren. Je massiver jedoch diese grundlegende Ablehnung ist, desto unglücklicher und liebloser wird auch der Mensch. Von so jemandem Verständnis für ein Thema wie ‚Freie Liebe' zu erwarten, ist natürlich unrealistisch. Angst zu haben bedeutet, sich an der Peripherie des Lebens zu bewegen. Je mehr Du Dich zur Mitte hin bewegst, desto größer wird Dein Vertrauen. Schreitest Du von dort weiter zum Zentrum, dann erwacht in Dir das göttliche Urvertrauen in die Liebe. Und nur wer vertraut, kann Freiheit auch tatsächlich genießen. Es ist wichtig, dass Du das weißt! Jetzt kannst Du auch der Freiheit der Liebe vertrauen. Denn der Liebe größter Feind ist die Angst, ihr folgt die Eifersucht und diese wiederum versucht jegliche Freiheit zu unterdrücken. Freie Liebe ist demnach nichts für ängstliche Menschen. Wenn Liebe frei fließen kann, dann verströmt sie sich nach allen Seiten. Liebe ist und bleibt nun mal ein Kind der Freiheit. Sie kennt nur dieses eine Verlangen: sich selbst zu verschenken. Sie verschwendet keinen Augenblick, etwas zu erwarten oder etwas bekommen zu wollen. Liebe gibt. Nicht weil sie gut ist, sondern weil sie nicht anders kann. Es ist ihre Natur. Sie gibt sich ihr selbst vollkommen hin. Die Natur ist Liebe. Du bist Liebe! Deshalb wird es niemals jemandem gelingen, sich ihr für immer zu verschließen. Es ist diese tiefe innere Sehnsucht, die wir alle in bestimmten Momenten verspüren, dieses Verlangen danach, sich selbst verschenken zu wollen. Es ist dieses stets lodernde innere Feuer, dieses nach allen Seiten drängende Licht, dieser Drang vorwärtszugehen, welche auf die Gegenwart der freien Liebe in uns allen hinweisen. Ich habe sie und Du hast sie. Solange wir sie nicht lebendig sein lassen, leben wir nicht. Denn sie ist ich, sie ist Du, sie ist alles, sie ist.

Liebe, ‚Freie Liebe‘, ist von solch unfassbarer Größe, dass Du wohl nicht verstehen kannst, wenn ich sage, dass sie ‚Du‘ ist. Du würdest selbst augenblicklich zu der ungeahnten Größe Deiner selbst erwachen und in sie eintauchen. Und danach ... danach ist keine Liebesbegrenzung mehr möglich. In gewissem Sinne bist Du ‚verloren‘, denn jetzt gibt es kein Zurück mehr. Du wirst nicht mehr wissen wollen, wer Du bist und wohin Du gehst, und völlig vergessen, woher Du gekommen bist. Der/die Du zuvor gewesen bist, existiert nicht mehr. Das, was Du werden könntest, wird nie sein, aber das, was Du bist, ist von einzigartiger Schönheit, Originalität und Einmaligkeit. Jetzt wirst Du erkennen, dass Du niemals etwas anderes gewesen bist, niemals etwas anderes sein wirst als das, was Du schon immer warst. Da war kein Weg, da ist kein Weg und da wird niemals ein Weg sein, denn Du hast Dich niemals wirklich vom Zentrum der Mitte entfernt. Es war lediglich ein Traum, eine Vorstellung ... An diesem Punkt angelangt wird klar, dass selbst die Freiheit der ‚Freien Liebe' relativ gewesen ist, nur, dass es diesmal nicht der wiederholte Anfang, sondern das (vorläufige) Ende der Geschichte ist.

Und hier beende ich nun meine Ausführungen. Sonst stürze ich Dich noch vollends in Verwirrung. Und falls sie schon da ist, dann liebe sie und staune, wie schnell sie sich in Klarheit transformiert. Erlebe die Wunder, welche nur die Liebe allein vollbringen kann.

Wenn dem Menschen von Anfang an gelehrt wird, dass Sex etwas Schlechtes sei, dann wird damit nicht bloß die Freude und der Wert des Sex, sondern auch die Fähigkeit zu lieben kastriert. So ist die Menschheit zu einer spirituell kastrierten Gesellschaft geworden, die noch nicht einmal zum niedersten Ausdruck der Liebe fähig ist. Ja, Sex ist Ausdruck der Liebe und wenn ich sage ‚der niederste', so sage ich damit nicht ‚der schlechteste'. ‚Hoch' und ‚nieder' sind keine Bewertungen, sondern wertneutrale Feststellung. Es ist wie bei einer Leiter, die höhere Sprosse ist nicht besser oder wichtiger als die darunterliegenden. Da gibt es eben mehrere Stufen auf unterschiedlichen Höhen und Tiefen. Dies ist einfach so. Und es ist gut zu wissen, dass erst die Verbindung aller Stufen – oder eben Sprossen – in ihrer Gesamtheit eine brauchbare Leiter ergeben. Wenn man jedoch schon die ersten Sprossen dieser Leiter ansägt, wie will man dann jemals gefahrlos höher steigen und die oberen Stufen erreichen?

Die unteren Stufen diesbezüglich heißen: Essen und Trinken, Fortpflanzung und Sex, Lachen und Tanzen, Ich und Du, Erfolg und Reichtum usw. Angesägt wurden diese Sprossen mit dem Makel der ‚Sünde'. Das alles wurde ja als Völlerei, Trunksucht, Versuchung, Hurerei und Triebhaftigkeit, Egoismus, Hochmut etc. so umfassend verteufelt, bis es sich keiner mehr getraute, ohne das Gefühl von Sündhaftigkeit, ohne diesen bitteren Geschmack des ‚Es-sollte-nicht-sein' zu leben. Nun, wer traut sich schon eine Leiter zu erklimmen und Sprossen zu besteigen, von denen uns gelehrt wurde, dass sie angesägt seien?

Fast keiner, nur die Mutigsten, die Neugierigsten oder die Naiven. Wenn man dann diese Stufen doch einmal zu besteigen wagt, wird sofort klar, dass sie vollkommen intakt sind. Die Geschichte von den angesägten Stufen entpuppt sich als Lüge, als Mär. Ein Märchen – nicht nur für Kinder. Wer von uns fiel denn nicht darauf herein?!

So hat man also versucht, uns die Liebe zu den ‚unteren Stufen' zu vergraulen und es ist gelungen. Wir haben diesen Dingen unsere Liebe entzogen. Da wir aber all das, was man eben nicht tun sollte, dennoch tun, tun wir es nun ohne Liebe. Erst dieser Umstand macht diese Dinge eigentlich ‚sündhaft'. Ich bin der Meinung, dass alles, was lieblos gelebt wird, eine so genannte ‚Sünde' ist. Das ist meine Definition des Begriffes Sünde. Dies könnte auch für Dich ein Hinweis und ein möglicher neuer Standpunkt sein, anders mit all diesen Dingen umzugehen. Sei Dir bewusst, dass Du nichts von alledem wirklich kennst und erleben kannst, solange Du lieblos bist. ‚Triebhaft' zu sein ist nicht gleichbedeutend mit ‚liebevoll' sein! Bitte verwechsle das nicht. Ansonsten werden Dir diese unteren Stufen zur Last, dann bist Du lasterhaft, wenn Du die Dinge ohne Liebe tust. Auf der anderen Seite wirst Du eher lustvoll und neugierig sein! Also: lieber Lust statt Last ...

Durch die gängige Auffassung, wie es sich denn mit der ‚Liebe und dem Sex' recht zu verhalten habe, geschieht etwas Seltsames. Plötzlich sind wir nur noch in der Lage, jene Menschen wirklich zu lieben, mit denen wir nicht im Bett waren: unsere Kinder, Eltern, Freunde, Lehrer, Priester, Meister oder Tiere. Das führt dazu, dass sich unsere Vorstellung von Liebe derart verschiebt, dass wir heute sogar in der Lage sind, Gegenstände mehr zu lieben als Menschen. (Aber auch da nur solche, mit denen wir keinen Sex hatten.) So wurde die gegenwärtige Konsumgesellschaft, in der die Menschen ein Auto, ein Kleid, einen Computer oder ein Haus mehr lieben können als einen anderen Menschen, begründet. Ein wahrhaft cleverer Schachzug und sehr langfristig geplant, aber das ist ja sicher bloß ‚Zufall' gewesen!

‚Freie Liebe' bedeutet also nicht, dass Du mit jedem Sex haben sollst oder gar musst, sondern dass Du es haben könntest, wenn Du wolltest!

Und solltest Du mit einem Partner oder einer Partnerin zusammen sein, welche Dich verlässt, wenn Du mit einem anderen Menschen intim bist, dann hast Du nichts verloren. Zumindest nichts, was von echter Liebe getragen war. Echte Liebe ‚verlässt' in solchen Momenten des Lebens nicht, sondern sie liebt ungeschmälert weiter. Sie sorgt sich nicht. Oder verlässt Du Dein Kind, wenn es mit jemandem anderen kuschelt als mit Dir? Nein, und warum nicht? Genau, weil Du es eben wirklich liebst! Genauso wenig wird Dein Kind Dich verlassen, wenn Du mit jemandem intim bist, oder? Natürlich nicht! Es liebt Dich wirklich.

Wann werden die Menschen das bloß verstehen? Solange sie Liebe mit ‚Besitztum' und Sexualität mit ‚Lasterhaftigkeit' verwechseln, wird sich niemals etwas verändern. So lange, wie dieses kurze ‚Rein-raus-Spielchen' menschlicher Sexualität mit solch einer hohen, einflussreichen und verdrehten Bewertung aufgeladen ist, wird keine ‚Freie Liebestätigkeit' möglich und die Liebe wird weiterhin auf ein Minimum beschränkt bleiben. Beschränkt also auf Lebenspartner, Eltern, Kinder etc. Nun, wie soll sich die Liebe unter diesen Umständen über die ganze Welt verbreiten?!

Natürlich, eines Tages wirst Du die unteren Stufen der Leiter hinter Dir gelassen haben. Aber nicht aus Widerstand oder Bewertung, sondern ganz natürlich und alleine deswegen, weil der Ausblick von den höheren Stufen aus viel interessanter, schöner, weiter und durchaus um einiges intimer und intensiver ist.

*Nicht durch Kampf
steigt der Mensch in seiner Entwicklung,
sondern durch Wachstum,
Entfaltung und Bewusstheit!*

Durch Verteufelung der Dinge wurde noch keiner jemals bewusster. Asketen, welche niemals geliebt haben, niemals mit einer Frau verschmolzen sind und sich niemals intimer Verbindungen hingegeben haben, wissen nichts über die Liebe. Sie sind Angsthasen! Sie sind zu feige und fürchten sich davor, von den Dingen abhängig zu werden. Sie sind nicht besonders spirituell – so wie sie es gerne vorgeben –, sondern bloß auf eine bestimmte Art und Weise Materialisten. Nicht bloß jener ist ein Materialist, der sich ständig darum bemüht, mehr zu bekommen, sondern auch jener, der sich ständig bemüht, es nicht haben zu wollen. Warum nun der eine als Sünder und der andere als Heiliger eingestuft wird, ist mir ein Rätsel.

Als spiritueller Mensch, der Meisterschaft erlangen will, ist es wichtig, dass Du das verstehst. Meister zu sein bedeutet nicht, sich den Dingen zu verwehren, sondern bedeutet eintauchen zu können, ohne unterzugehen. Denn:

*Wer schwimmen kann, braucht
den Ozean nicht zu fürchten!*

Gehst Du gerne im Meer schwimmen? Genießt Du es – so wie ich –, ins erfrischende Meer einzutauchen und

Dich ihm hinzugeben? Weshalb ist es denn so wundervoll, so erquickend, belebend und traumhaft schön? Was meinst Du? Tja, weil ... es ist: ‚Sex'! Intimer geht es nicht als völlig einzutauchen und es zu lieben! Ja, es ist das Gefühl der freien Liebe. Sehr intim. Was denkst denn Du? Atmest Du und genießt Du es, atmen zu können? Wow ... (!) Ja, auch das ist Sex, rein-raus! Essen? Trinken? Geben? Nehmen? Säen? Ernten? Aha! Alles: rein-raus. Alles ‚Sex'. Nein, das ist nicht ‚Pfui', das ist ‚Hui'! Das Einzige, was Dir möglicherweise im Weg steht, dies zu verstehen, ist Dein Falsch-Verstehen des Wortes Sex. Sobald Du es hörst, hast Du bestimmte Vorstellungen, Reaktionen und gewisse in Dir verankerte Verknüpfungen und Muster treten in Aktion. Mach Dich frei von solchen Unwahrheiten! Die Zeit sollte vorbei sein, wo Du andere über Dich bestimmen lässt. Bestimme selbst und sei mutig genug auch dann selbstbestimmt zu leben, wenn es bedeutet, dass Du Eigenverantwortung übernehmen musst. Vertraue Deiner ungetrübten Wahrnehmung! Selbst wenn nicht immer alles so läuft, wie Du es gerne hättest, so endet es doch um ein Vielfaches stimmiger, als wenn Du weiterhin ein ferngesteuertes Leben lebst. Was Du dazu benötigst, nenne ich schlicht und ergreifend: Selbstvertrauen. Selbstvertrauen in Dein Selbst in Dir. So hast Du eine echte Chance ‚Freie Liebe' zu leben, eine echte Chance, ein selbstbestimmtes Leben zu führen, und eine Chance auf Erleuchtung.

Zwei Mönche, ein alter und ein junger, waren unterwegs von einer Reise zurück zu ihrem Kloster. Nach einiger Zeit kamen sie zu einem Fluss. Dort begegneten sie einer jungen Frau, die – wie sie beide – an das andere Ufer gelangen musste. Sie bat, ob es ihnen möglich wäre, sie über den Fluss zu tragen, da sie nicht schwimmen könne. Der junge Mönch tat so, als hörte er die Bitte der hübschen Frau nicht. Der ältere jedoch bejahte, hob sie auf seine Arme und trug sie ans andere Ufer. Dort setzte er sie ab. Die Frau bedankte sich und die beiden Mönche setzten ihre Reise schweigend fort. Doch nach einer Weile konnte der Jüngere nicht mehr an sich halten und sagte sichtlich aufgeregt: „Du hast die Frau über den Fluss getragen, obwohl Du weißt, dass wir als Mönche das Gelübde abgelegt haben, nie eine Frau zu berühren. Wie konntest Du bloß!" Da antwortete der andere Mönch ganz ruhig und leicht verwundert: „Ich habe die Frau am anderen Ufer abgesetzt, trägst Du sie immer noch?"

WARUM VIELE MENSCHEN NICHT ALLEINE SEIN KÖNNEN

Viele Menschen streben bloß deshalb so sehr nach einer Partnerschaft, weil sie nicht alleine sein können. Alleine sind sie unglücklich und sie denken, dass sie es zu zweit dann nicht mehr wären. Dies ist ein fataler Irrtum. Sie glauben, dass der richtige Partner ihr Defizit ausgleichen könnte. Doch dies geht leider nicht. Denn das, was Dich glücklich macht, kommt von innen, genauso wie auch das von innen kommt, was Dich unglücklich macht. Und was von innen kommen muss, das kann von außen nicht kompensiert werden, zumindest nicht nachhaltig.

Alle Beziehungen, die auf diesem Mangelprinzip aufgebaut sind – und das sind die meisten –, werden unweigerlich scheitern. In solchen Beziehungen wird stets auf ein Exklusivrecht am Partner bestanden und wird Besitz ergriffen. Eine Trennung kommt kaum in Frage, weil man weiß, dass dann die gesamte eigene Welt zusammenbrechen würde. Und sie wird zusammenbrechen! Spätestens dann, wenn der eine stirbt. Mein Vater hat das einmal so gesagt: „Wenn meine Frau vor mir stirbt, dann bringe ich sie um."

Natürlich ist das metaphorisch gemeint. Es verdeutlicht aber genau das Gefühl dieser totalen Abhängigkeit, von der ich spreche. Ich kann das durchaus verstehen, nur ich möchte nicht so leben. Das würde ja sonst bedeuten, dass ich immer in Angst vor dem drohenden Verlust des geliebten Menschen leben müsste. Das stelle ich mir unglaublich quälend vor. Und es wäre nicht das erste Mal, dass auch der zurückgebliebene Partner kurz nach dem Tod des Geliebten ebenfalls stirbt. Woran? An gebrochenem Herzen. Es gibt viele Möglichkeiten zu sterben auf Erden, aber diese Art muss schlimm sein. Daher schenke ich meine gesamte Liebe niemals einem einzelnen Menschen. Meine Liebe gehört dem Leben, gehört der Liebe selbst, gehört sich selbst. Die Welt ist so bunt und vielfältig, hier ist so viel, was ich lieben kann, hier gibt es so viele Gründe, um zu leben. Zumindest für mich.

Am besten also, Du lebst aus vollem Herzen, bereits bevor Du Dich in eine Beziehung stürzt. Dann nämlich kannst Du auch Dein volles Herz in die Beziehung miteinbringen. Es darf in einer Beziehung nicht darum gehen, was der andere einem geben könnte, es sollte darum gehen, was wir dem anderen zu geben haben. Es liegt natürlich auf der Hand, dass ein volles Herz mehr zu geben hat als ein bedürftiges.

Bedürftige Herzen sind Bettler. Bettler kriegen nie genug. Sie zapfen dem anderen die Energie ab und laugen sie aus. Auf die Dauer ist das ein unerträglicher Zustand, den nur die wenigsten überleben. Selbstverständlich bestätigen auch hier die Ausnahmen die Regel. Aber bitte, es heißt deswegen Ausnahme, weil es nur ganz wenige sind. Du kannst davon ausgehen, dass die meisten – wenn nicht alle, die dies betrifft – von sich glauben, dass sie die Ausnahme sind.

Weitaus öfters ist Liebe zur Gewohnheit oder ist gar zu einer Verpflichtung geworden. Das hat aber nichts mit dem gemein, von dem ich spreche. In keiner Beziehung geht es um das Zusammenbleiben. Es geht immer darum, aus ganzem Herzen zu lieben, so lange Liebe gegenwärtig ist. Danach gilt es weiterzugehen. In Liebe weiterzugehen! Scheidungskämpfe sind so undenkbar. Keiner würde auf die Idee kommen, um Hab und Gut zu kämpfen, wenn die Liebe auch für die Trennung noch reicht. Der Kampf ums Rechthaben oder um Geld ist stets nur ein Ersatz um die Lücke des verlorenen, vermeintlichen Besitzes und dient der Kompensation. Dadurch wird die Verbindung über Umwege verlängert und die einstmalige Verbundenheit wird zur Kette aus Wut und Hass. Ein unschönes Schauspiel, das niemals, für keinen zum Wohle gereicht.

Ich selbst bin geschieden und damals, vor Gericht, als mich die Richterin aufforderte zu sagen, was ich alles behalten möchte und was mir gehöre, musste ich lachen. Damit habe ich das Gericht natürlich verunsichert und ich wurde gefragt, was daran denn Lustiges ist. Da erwiderte ich: Meine zukünftige Exfrau soll einfach alles mitnehmen, was sie möchte, und ich würde den Rest behalten. Das waren die bei Gericht offenbar nicht gewohnt und als es zur Geldfrage kam, sagte ich: „Schauen Sie in meine Buchhaltung und sagen Sie mir, was ich an Unterhalt und Alimente zu bezahlen habe, und dann soll es so sein." Nun war die Verwunderung in Unglauben übergegangen und ich fragte das Gericht: „Wieso wir (meine Partnerin und ich) eigentlich an getrennten Tischen sitzen, müssen wir denn streiten? Das erscheint mir hier alles ein wenig komisch", sagte ich, „denn wir sind schon ein paar Jahre getrennt, auch wenn wir noch zusammenwohnen. Ich habe sie damals geheiratet, weil ich sie liebe, ich sehe keinen Grund zum Streit." Das war Neuland fürs Gericht. Tja, und so wurde es beschlossen. Sei dem leiste ich meine Zahlungen und freue mich, dass ich das überhaupt bezahlen kann. Es ärgert mich genauso wenig wie das Bezahlen von Steuern. Es ist doch ein gutes Zeichen, wenn man das alles bezahlen kann! Und weil ich es mit Freude tun kann und will, versiegen auch diese Quellen nicht.

Nun aber zurück zum Thema. Weshalb ist alleine zu sein für viele Menschen so ein großes Problem? Was fehlt ihnen denn? Oder andere Frage: Was kommt denn hoch, wenn man alleine ist?

Wäre es denn nicht gut, wenn überhaupt was hochkommen würde? Ist es nicht so, dass bei vielen einfach nichts da ist, was da kommen könnte? Ist es bei den meisten Menschen denn nicht so, dass das Einzige, was sie sehen, ein großes, tiefes, schwarzes Loch ist? Und in dieses fallen sie dann hinein. Sie fühlen sich dann einsam, verlassen, alleingelassen und das Leben scheint keinen Sinn mehr für sie zu machen, es fehlt ihnen eine Aufgabe. Sie fühlen keine Berufung, keine Vision mehr in sich. Daher rate ich stets dazu, dass die Menschen, bevor sie sich in eine Partnerschaft begeben, zuerst ihre Vision finden. Das ist etwas Erfüllendes, eine Lebensvision zu haben. Eine Vision wird Dich nie verlassen und solltest Du mal von Deiner Vision abkommen, vielleicht durch eine Beziehung oder durch die Familie und sollten Dich diese eines Tages verlassen, dann greifst Du einfach wieder zurück auf Deine Vision. Das wird Dich mit so viel Leben und Liebe erfüllen, dass der Schmerz einer Trennung oder eines Abschiedes im Lichte dieser Vision verblassen wird. Du kehrst zu Deinem ursprünglichen Lebensziel zurück und gehst einfach dort weiter, wo Du einst damit aufgehört hast. So wird aus dem Alleinesein nach und nach ein All-Eins-Sein. Kein Mensch wird jemals glücklicher sein können als dann, wenn er diesen Zustand erreicht hat.

Somit ist Einsamkeit nur für jene Menschen erfahrbar, welche den Zugang zu ihrem eigenen Inneren verloren haben. Dann gilt es nicht, nach einem neuen Partner zu suchen, sondern die Zeit des Alleinseins dafür zu nutzen, sich wieder mit sich selbst und seinem Inneren zu verbinden.

Ein Mensch, welcher nicht mit sich selbst verbunden ist, wie könnte dieser sich denn jemals mit einem anderen Menschen wirklich verbinden? Das geht nicht. Daher ist es verständlich, dass die allermeisten Frauen lieber älterer Männer bevorzugen. Sie hoffen insgeheim, dass dieser mit sich selbst schon verbundener ist als ein junger Spund. Diese Weisheit des Alters ist ein bedeutender Aspekt für viele Frauen. Denn in ihr, der Weisheit, liegt mehr Sicherheit und Vertrauenswürdigkeit als im Schein eines jugendlichen Körpers ohne Tiefgang. Dies ist mit ein Grund, warum viele wirklich tief verbundenen Beziehungen erst in der zweiten Lebenshälfte geschlossen werden. Davor ließ die eigene innere Verbundenheit noch auf sich warten, eine wirklich tiefe Verbindung zu einem anderen Menschen war nicht möglich.

Allerdings, das wird sich nun mit der Zeit wohl ändern. Viele Kinder, die heute geboren werden, verfügen schon über deutlich mehr Weisheit, als wir es bis zu unserem Ableben je erreichen werden.

LASTEN UND MUSTER DER VERGANGENHEIT

Für viele Beziehungen ist nicht mal die gegenwärtige Beziehung das Problem, sondern die Lasten und Verletzungen der Vergangenheit. Tiefe Spuren und gewisse Muster haben sie in uns hinterlassen.

Es wäre also sinnvoll – nach einer Beziehung –, Klarheit mit sich selbst zu schaffen. Nur so kann man sicher sein, dass eine neue Beziehung nicht ebenfalls unter den Problemen der letzten zerbricht. Manche Menschen haben ja noch nicht einmal die Traumata ihrer Kindheit integriert. Selbstverständlich bringen sie diese dann auch wieder in jede neue Beziehung mit ein.

Wie wir jedoch mit partnerschaftlichen – und auch anderen – Herausforderungen umgehen, wird maßgeblich durch die Art und Weise bestimmt, wie es uns möglich ist, zu reagieren. Unsere Reaktionen basieren auf den Erfahrungen unserer Vergangenheit. Wenn jemand also seine wunden Punkte nicht integriert hat, so reagiert er in gewissen Situationen immer gleich oder zumindest ähnlich. Wenn alte Muster neue Herausforderungen versuchen zu lösen, dann führt dies oft zu unverhältnismäßigen Überreaktionen. Beispiel: Beim ersten Mal ‚verlassen werden' ist man vielleicht einfach nur sehr, sehr traurig. Wenn diese Erfahrung nicht integriert wird, dann wird es beim zweiten Mal nicht bei Traurigkeit bleiben. Dann wandelt sich die Traurigkeit in Ärger. Beim nächsten Mal in Wut, dann in Zorn, dann in Gewalt bis hin zu Mord und Totschlag. Dies ist der Verlauf ohne bewusste Integration. Wenn Du die Schlagzeilen der Zeitungen einige Zeit lang verfolgst, dann wirst Du sehen, dass dies eigentlich bereits Tagesordnung ist.

Offenbar wird Integration noch immer nicht in der Form wertgeschätzt, wie sie es verdient hätte, leider. Integration kann Wunder bewirken, Heilung des Körpers, der Seele und auch für Beziehungen. Werden die Dinge nicht verarbeitet und stattdessen verdrängt, dann kann aus einer kleinen Welle, bald ein Tsunami ungebändigter Emotionen werden. Tsunami ist übrigens ein guter Begriff dafür. Es heißt auch „zu-nah-(an)-mi-r". Wenn mir aber etwas nahekommt, dann weiß ich, dass es etwas mit mir zu tun hat, dann weiß ich, dass es da für mich etwas zu integrieren gibt. Und dann tue ich das auch. Ich will möglichst wenige Altlasten mit in eine neue Beziehung bringen. Das erleichtert vieles. Mir und meinem Gegenüber.

Sei also vorsichtig, rausche nicht einfach von einer Beziehung in die nächste! Gib Dir Zeit. Entspanne Dich dazwischen und halte Einkehr. Was ist da noch an Verletzungen, Vorwürfen, auch Selbstvorwürfen, Schmerz, Unverständnis, Unklarheit, Bewertungen, Frust usw.? Kläre Dich. Beginne Deine nächste Beziehung erst dann, wenn Du alles in Dir geklärt hast, Dir und dem anderen zuliebe. Er/sie hat es verdient. Jede Beziehung bringt ihre eigenen Herausforderungen. Wenn Du diese meistern willst, sobald sie auftauchen, dann musst Du erst einmal Deine älteren Probleme geklärt haben.

Beginne eine Beziehung also immer rein, sauber und geklärt. Denn Liebe benötigt ein klares Umfeld um sich entfalten zu können. Gib Dir/Euch eine reelle Chance. Um die reine Liebe zu erfahren, muss man auch selbst rein sein. Wenn Du ungeklärt eine Beziehung beginnst, wie bitte soll dies denn zu einer klar erfahrbaren Liebesbeziehung werden? Du musst eine Beziehung neu, ohne Vorbelastungen angehen. Dann kann sie erfolgreich und leicht werden. Das ist doch verständlich, oder?

Nun, was tun, wenn die Beziehung schon läuft und die Vergangenheit noch nicht geklärt ist? Ganz einfach: Dann zieht man einen Schlussstrich und beginnt von Neuem. Zuerst beginnt jeder von Euch beiden sein bisheriges Leben – am besten unter kundiger Begleitung – aufzuarbeiten. Es kann auch schön und bereichernd sein, gemeinsam in diesen Prozess einzutauschen. Erst wenn diese Integrationsphase abgeschlossen ist, dann beginnt man die Beziehung ganz neu. Ihr könnt Euch zum Beispiel zu einem Essen verabreden und so tun, als ob Ihr Euch gerade erst kennenlernt. Du wirst sehen, es kribbelt wieder! Fortan achten beide darauf, dass sich nichts, aber auch gar nichts mehr anstauen kann. Sobald etwas da ist, wird es genommen und integriert. Dies garantiert eine spannende, liebevolle und dauerhafte Beziehung frei von jeglichem Ungemach oder Stress vergangener Zeiten und verletzungsfrei. Das rechtfertigt doch locker das bisschen Arbeit an sich selbst, oder? Im Endeffekt ist es ungemein mühsamer, immer wieder denselben, alten Problemen in jeder neuen Partnerschaft zu begegnen, als einmal klar Schiff zu machen, oder etwa nicht?

EINE BEZIEHUNG BRAUCHT LUFT

Eine Beziehung ist wie ein Lebewesen. Auch sie muss atmen können. Was heißt das? Eine Beziehung braucht Raum. Nichts ist problematischer als eine zu enge Beziehung. Mit ‚zu eng' meine ich nun aber nicht die Verbundenheit. Verbunden kann man nie genug sein. Ich meine, dass man nicht Tag und Nacht ununterbrochen beisammen ist. Solche Klebebeziehungen beziehen ihre anhaftende Wirkung aus der Angst. Die Angst treibt zur Kontrolle und nennt dies dann ‚Nähe'. Kaum ist man für ein paar Stündchen getrennt, dann greift sie unter äußerst kreativen Vorwänden zum Telefon und sobald man sich wiedersieht, hagelt es nur so Fragen wie: „Wo warst Du genau?", „Wer war sonst noch da?", „Wieso hat das so lange gedauert?", „Hat es ‚Spaß' gemacht?" Alle diese Fragen meinen nur eines: „War da jemand Attraktives dabei?", „Hast Du jemand anderen angeschaut?", „Warst Du mir untreu?" Kurz und knapp also: Eifersucht.

Eifersucht ist der Atemräuber und Beziehungskiller schlechthin. Denn wenn Eifersucht etwas nicht erträgt, dann: Raum. Raum zu gewähren, damit atmen kann, was atmen muss, das scheint der Eifersucht ein unmögliches

Ding zu sein. Und wenn es treffende Sprichwörter gibt, dann auf jeden Fall folgendes: „Eifersucht ist eine Leidenschaft, die mit Eifer sucht, was Leiden schafft." Eifersucht beginnt immer scheinheilig und endet immer zerstörerisch. Eifersucht ist nicht, wie es Viele behaupten, das Salz in der Suppe. Eifersucht ist eher eine versalzene Suppe. Sie ist ungenießbar und ungesund. Dabei ist Eifersucht nichts anderes als Angst, dass jemand anderes etwas bekommen könnte, worauf ich mir einbilde ein (Besitz-)Recht zu haben gepaart mit der Angst, selbst nicht gut genug zu sein. Am Ende lässt sich das wohl recht einfach auf die altbekannte Angst zurückführen: nicht geliebt zu sein.

Eifersucht ist also leicht zu durchschauen und somit auch leicht zu bearbeiten. Sie ist vielleicht nicht ganz so leicht zugegeben, aber so schwer, wie es den Anschein macht, nun auch wieder nicht. Der Eifersüchtige braucht immer einen Partner und einen Gegner. Und Du wirst es bestimmt kennen, wenn kein Gegner da ist, dann stellt man sich einfach einen fiktiven vor. Plötzlich ist jeder andere Mann oder jede andere Frau ein potenzieller Gegner oder Rivale. Blickst Du sie oder ihn an, so heißt es: „Aha, erwischt!" Schaust Du weg, dann heißt es: „Aha, Du schaust weg, verdächtig!"

Das Korsett der Eifersucht wird ganz schnell saueng. Bald kannst Du Dich nicht mehr bewegen und erfährst, was es heißt, unter absoluter Überwachung zu leben. Die Unfreiheit in einem Gefängnis ist angenehmer. Dort sieht man wenigstens die Zellengitter. Dort weiß man wenigstens, wo genau die Grenzen sind und voraussichtlich auch morgen noch bleiben werden. Das Gefängnis der Eifersucht wird jedoch immer enger und enger und enger ... Am Ende wird die Liebe daran ersticken und Du auch.

Ja, und wenn man verheiratet ist, tja, dann hat man ja immer noch den Trumpf in der Hand, dass der eine genau weiß, dass der andere wohl kaum die gemeinsame Ehe aufs Spiel setzen wird. Somit kann sich der Eifersüchtige noch mehr erlauben, als er oder sie es eh schon tut.

Obwohl ich persönlich nichts gegen Heirat und Familienbildung und schon gar nichts gegen Kinder habe, gibt es einige interessante und bedenkenswerte Aspekte, welche bei diesem Thema hier nicht ungenannt bleiben sollen. Aber zuerst einmal einige Fragen:

- Wozu soll einer liebevollen Partnerschaft das Siegel des Gesetzes in Form einer rechtlichen Eheschließung aufgepresst werden? Reicht es denn nicht, wenn zwei Menschen sich einfach nur lieben?
- Worin liegt denn der Sinn einer Heirat und was sind die wahren Hintergründe einer rechtlich abgesicherten Form der Partnerschaft?

Ich weiß natürlich, dass es nicht ganz einfach ist, solche Fragen überhaupt zu stellen. Ist die Ehe doch ein seit Jahrhunderten bewährtes Beziehungssystem. Ein System, das Frieden und Sicherheit bringt. Kein anderes

System steckt aber auch den Rahmen klarer und enger. Warum man dazu aber den rechtlichen wie auch den kirchlich-spirituellen Segen benötigt, ist mir ein Rätsel. Braucht man wirklich Gesetze und Zeugen, um die eigene Liebe zu beweisen? Traut man den eigenen Gefühlen und guten Absichten etwa nicht? Oder denen des Anderen? Hat man Angst, dass die Liebe sonst nicht von Dauer wäre? Doch wohl bestimmt nicht. Viel eher handelt es sich bei der Eheschließung doch wohl um ein allseits respektiertes Indoktrinationsmittel, welches Moral vorspielt, die gar nicht existiert. Die Eheschließung besiegelt daher nicht die Liebe, sondern die Angst. Die Menschen fürchten sich vor der möglichen Untreue des Partners sowie vor einem möglichen finanziellen Ruin bei einer Trennung.

Die Ehe verleitet Paare dazu, selbst wenn nicht mehr der kleinste Funke jener heiligen Liebe noch glimmen mag, sich dennoch aneinander festzuklammern. Bedenke, die Scheidungsrate in Europa liegt ca. bei 45 %. Wie viele Paare von den verbleibenden 55 % mögen wohl einfach nur noch so nebeneinanderher leben? Ich schätze mal 50 %. Die allermeisten sind einfach deswegen zusammen, weil sie sich aneinander gewöhnt haben. Die restlichen 5 %, deren Liebe nach wie vor wie ein Lebenselixier zwischen zwei Menschen schwingt, wären so oder so zusammen. Mit und auch ohne rechtlicher Eheschließung.

EHE UND SICHERHEIT

Verheiratet zu sein, tötet in den meisten Fällen die Liebe. Erwartungen und Verpflichtungen werden plötzlich größer als Liebe und Zärtlichkeit, das Haben wird wichtiger als das Sein, und das Nehmen steht mehr im Fokus als das Geben. Die Angst zu verlieren scheint schlicht größer zu sein als der Wunsch, am Glück des anderen teilhaben zu dürfen. Insofern ‚besiegelt' die Ehe wohl eher die gegenseitige Abhängigkeit anstatt die Liebe. Liebe kann man nicht besiegeln. Entweder sie ist da oder sie ist nicht da. Entweder sie bleibt bestehen oder sie vergeht. Wenn sie vergeht, dann kann man sie genauso wenig daran hindern, wie man sie auch nicht zum Entstehen zwingen kann. Liebe ist oder ist nicht.

Auch um Kinder haben zu können, benötigt es keine Gesetze, sondern braucht es Liebe. Die Kinder selbst nehmen immer jene Erwachsenen als „Eltern" in ihre Herzen auf, denen sie sich durch Liebe verbunden fühlen. Herzen ordnen sich keinen Gesetzen unter. Herzen sind frei. Frei all jene zu lieben, deren Herzen sie sich nahe fühlen. Herzen lassen sich nicht beirren. Selbst dann nicht, wenn wir oft schauerlich mit ihnen umzugehen pflegen.

Ja, denn das Herz kann nichts als lieben. Hassen kann nur der Verstand. Und unser Verstand ‚liebt' die Sicherheit (in der Angst) mehr als die Freiheit (in der Liebe). Bekommt er, was er sich wünscht, so ist er zufrieden. Bekommt er es nicht, quält er einen. Die Ehe dient also in erster Linie dazu, den Verstand zu befriedigen.

Die Ehe ist also vor allem eines: eine reine Verstandesangelegenheit. Sie dient einfach dazu, finanzielle und rechtliche Dinge in Bezug auf eine Beziehung zweier Menschen und deren möglicherweise vorhandene Kinder zu regeln. Aber weshalb wird das denn überhaupt benötigt? Vertrauen sich die Liebenden nicht? Oder möchten sie der Welt etwas zeigen? Fürchten sie etwa, dass ihre Liebe keinen Bestand haben könnte …?!

EHE UND SEX

Tja, für die meisten Menschen scheint Treue das Wichtigste in einer Beziehung zu sein. Mit der Heirat, glauben sie, hätten sie nun so etwas wie eine Garantie. Aber Treue ist entweder vorhanden oder nicht. Kein Mensch kommt auf die Dauer irgendwelchen Verpflichtungen nach, deren Erfüllung nicht seinem oder ihrem Herzen entspricht. Im Gegenteil. Von nun an weiß jeder, dass er oder sie, im Falle eines ‚untreuen Momentes', von der ganzen Welt als Schuldiger oder Schuldige betrachtet und verurteilt werden würde. Er oder sie verlöre dadurch sämtliche Rechte und Ansprüche auf finanzielle Dinge, wie auch das Recht auf Mitsprache in Bezug auf das Wohl der eigenen Kinder. Er oder sie ist ja dann auch schließlich ‚schuld' am Bruch der Ehe. Ja, es heißt Ehebruch! Somit reduziert sich die Ehe also auf die Vereinbarung, ‚treu zu sein'. Dies zeigt auf, worin der eigentliche Grund liegt zu heiraten: in der Angst vor Verlust.

Diese Angst tarnt sich hervorragend hinter dem Argument der Liebe. Es ist für fast jeden Menschen klar und normal, dass zwei Menschen, die sich lieben, auch treu sind. Interessanterweise bezieht sich diese ‚Treue' stets auf Sexualität. Sexualität spielt in der Beziehung also die wichtigste Rolle. Ich finde, dass sie damit ziemlich stark überbewertet wird. Später, wenn die sexuelle Tatkraft nachlässt, wird seelische Verbundenheit zu einer viel wichtigeren Säule. Dann, aber auch erst dann, wenn man nicht mehr kann, wenn man sexuell inaktiv oder unfähig geworden ist, besinnen sich die Menschen wieder ihrer ursprünglichen Verbundenheit. Deshalb wird Liebe im Alter dermaßen schön und frei, weil die Angst vor dem Seitensprung mehr und mehr gewichen ist. Wäre also die Sexualität in unserer Gesellschaft nicht dermaßen unterdrückt, überbewertet und mächtig, wäre eine Ehe auch ohne Trauschein echt und durchaus tragfähig. Wollen wir es mal so denken: Einen Trauschein benötige ich also bloß dann, wenn ich: nicht (ver-)traue! Vielleicht sollten wir alle uns das mal etwas genauer überlegen ...

KINDER, FAMILIE, EHE UND ERLEUCHTUNG

Für Kinder sind die meisten Familien reine Indoktrinationswerkstätten, in denen ihnen beigebracht wird, wie sie sich verhalten müssen, um im Leben möglichst wenige Schwierigkeiten zu machen beziehungsweise zu haben. Dabei werden ihnen jedoch praktisch alle Begrenzungen, Ansichten und Vorstellungen der Eltern, Schule und Gesellschaft aufgezwungen, sodass als Resultat das Leben alles andere als ein leichtes sein wird.

Ob das wirklich Liebe ist? Ob das den Kindern wohl vermittelt, wie unsäglich schön diese Welt ist? Ob sie so wohl noch mitbekommen können, dass es möglich ist, vollkommen frei und selbstbestimmt leben zu können? Vermutlich gehen sie später einfach mehr oder weniger denselben Weg und versinken alsbald im Stress der Suche nach Glück, Geld, Anerkennung und Liebe ... Ja, und eines Tages werden diese wunderbaren Geschöpfe, die einmal so frei, neugierig und abenteuerliebend waren, sich plötzlich als angepasste, pseudo-erwachsene, besserwisserische, ängstliche und ums Überleben kämpfende Geschöpfe wiederfinden. Dann werden wahrscheinlich auch sie ihr Glück in der Enge einer Ehe suchen, in der Menge von Geld auf dem Konto, und vielleicht – wenn's hochkommt – in Ruhm und Ehre vermuten.

Aber ich sage: Diese wundervollen Kinder haben etwas Besseres verdient. Etwas Besseres, als zu angepassten Menschenrobotern umfunktioniert zu werden! Sie sind auch nicht dazu da, (sich) selbst all jene Dinge zu erfüllen, welche wir ‚leider' für uns selbst nicht erreicht haben. Sie sind eigenständig und sollten es auch bleiben. Sie sollten so wenig wie möglich in ihrer Entwicklung begrenzt und schon gar nicht an die Kette lebenverhindernder Glaubenssysteme gelegt werden. Dann hätten wir wirklich eine Chance auf eine neue Menschheit, auf ein neues Mensch-Sein, auf eine neue Zeit, ein wahrlich goldenes Zeitalter! So, wie es jedoch gegenwärtig aussieht, wird dies sobald wohl nicht der Fall sein. Solange die Menschheit auf Ehen und Kleinfamilien gründet, wird sie weiter leiden.

Wie viel Leid braucht es noch auf Erden – meine lieben Geschwister –, bis wir bemerken, dass es allerhöchste Zeit ist, die alten Strukturen, Regeln, Religionen und Gesellschaftsformen zu wandeln? Wann werden wir es schaffen, uns in eine neue Form der wahren, freien Menschlichkeit zu entwickeln? Wann werden wir uns als Glied der neuen großen Familie, der Weltenfamilie verstehen? Ich gehe gerne voran. Doch wenn ich alleine gehe, bringt das nicht viel. Wenn jeder denkt: ‚Die anderen machen das schon' – dann wird nie etwas daraus werden und die Vision einer harmonischen ‚Welt-Geschwisterschaft' wird weiterhin ein Wunschtraum bleiben, der so nie ins Leben kommt.

Das Einzige, was dann noch bleibt, ist der totale Zusammenbruch unserer gegenwärtigen Strukturen in Wirtschaft, Familie und Gesellschaft. Dies wäre allerdings die unbequemste Variante für alle. Noch ist Zeit genug! Wir müssen im Kleinen handeln und im Großen denken, um all die Dinge noch abwenden zu können, die bereits Fahrt aufgenommen haben. Die Kinder sind unsere Zukunft! Wenn wir sie bloß gleichschalten, dann stehen die Aussichten schlecht. Genauso schlecht sieht es dann mit all unseren wertvollen Einsichten aus. Wir werden blind in unser eigenes, menschheitliches Verderben laufen.

Ich mache hier nun keine Vorschläge, wie wir das lösen können. Ich bitte Dich, mache Dir Gedanken und überlege Dir, was Du zu einer erleuchteten Zivilisation beitragen kannst und willst. Was kannst Du in Deinem Leben, in Deinem Erziehungsstil, an Deiner Lebensweise ändern? Und dann ... tue es! Danke.

DIE TRENNUNG

Ein Wechselbad der Gefühle ist das schon, wenn man sich trennt von dem, was einem am allerliebsten ist. Es ist nicht leicht, von jenem Menschen abgewiesen zu werden, mit dem man zusammen sein möchte. Oft macht sich Verzweiflung breit, obwohl man weiß, dass man selbst einmal alles aufs Spiel gesetzt hat; ja, das Leben ist ein Spiel – das vergisst man in solchen Momenten nur schnell. Dann würden wir gerne alles rückgängig machen, alles ungeschehen machen und sogar zurück in den alten Zustand von Stagnation, Bitternis und Kritik fallen, in einen Zustand, der dem des Entbehrens nicht unähnlich ist.

Zu sehen, dass es sowohl für einen selbst wie auch für den anderen das Beste ist, loszulassen, zu verstehen, dass dieser Schritt letztlich jeden zum ‚Weiterleben' zwingt, in solchen Momenten nicht festzuhalten, dem Schmerz nicht nachzugeben und weiterzugehen, das ist nicht leicht. Wie soll man damit umgehen, wenn man tief in sich weiß, dass gerade diese Entscheidung die richtige für alle ist? Wie mit so einem Entschluss umgehen, der den meisten Schmerz mit sich bringt? Wohin kann man seine Seele tragen, sie offenbaren und wie wieder zur Ruhe kommen?

An welch´ kleinen Dingen selbst die größte Liebe zerbrechen kann ... Nie gab es Zweifel in Bezug auf die Verwandtschaft der Seelen, doch unvollkommen und im Wachstum ist der Mensch und dadurch bereit zu leiden. Er weint im Leid eines ‚Sich-gegen-seine-eigene-Schöpfung-Auflehnens' und zwingt sich so selbst zu Wachstum und Entfaltung. Welche Vision ‚Mensch-Sein' doch innewohnt! Die Hoffnung, nicht aufzugeben, selbst wenn alles hoffnungslos scheint, im Vertrauen, dass die eigene Entfaltung alles wieder ins Reine bringt. Hoffen, dass dem Finden der eigenen Mitte, dem Zurückkehren zur eigenen Wahrheit, Integrität und Liebe nichts mehr im Wege steht, was Sein soll. Ein Leben, das zum Ziel hat, fortan nicht mehr an Kleinigkeiten zu scheitern. Eine Liebe, die zum Ziel hat, nicht mehr an den Mangel zu glauben, und eine gemeinsame Vision, welche nicht an Äußerlichkeiten zerbricht ... Wie fern ist Dir das?

Unabhängig vom Wollen und der Furcht des Einzelnen, sich nicht beirren zu lassen von dem, was ist, um zu dem zu werden, was man sein will ... Mittendrin im Wechselbad der Gefühle. Unruhe und Stille zugleich. Keiner kann ermessen, wo Anfang und Ende sind. Da ist Liebe, da ist Konkurrenz. Das ist der menschliche Geist von Neugier geleitet und nach Erfahrung hungernd, nur behindert durch mangelnde Großzügigkeit und Angst vor Verlust.

Ein ewiges ‚Nein' im Kopf, welches doch nur das eine

Ziel verfolgt: zum ‚Ja!' des Herzens zu werden. Verwirrt zwischen den Sphären weltlichen und geistigen Daseins. Ja, das klingt verwirrend und gegensätzlich. Dennoch, es ist die Wahrheit zerrissener Welten, die Realität gebrochener Herzen, die Wirklichkeit des unermesslichen Kampfes zwischen Herz und Verstand. Wer diesen Zweifel nicht kennt, diesen Kampf der Giganten, der weiß nicht, wovon ich spreche, und wer ihn kennt, der würde niemals einen Menschen verurteilen, dessen einziger Fehler darin besteht, diese Herausforderung meistern zu wollen. Jeder Mensch wird ihn eines Tages ausfechten müssen – die einen früher, die anderen später. Keiner kommt um ihn herum. Auch die Treue muss wachsen, sie muss echt sein, einerlei ob zu sich selbst oder zu anderen.

Idealerweise sollte es möglich sein, diesen Weg gemeinsam zu gehen. Jedoch muss ich zugeben, dass ich dies noch nirgends beobachten konnte. Alle ziehen es vor, zum bereits vorhandenen Schmerz sich auch noch den Schmerz einer Trennung zuzufügen. Vielleicht deshalb, weil dadurch der Schmerz des Wachsens gedämpft wird … Doch wo sich Türen verschließen, kommt keiner mehr durch. Bleibt also nur zu hoffen, dass alle Beteiligten sich im Fluss des Lebens, welcher nichts als Wachstum ist, langsam wieder öffnen können.

Andererseits ist oft diese absolute Unsicherheit notwendig, um sich selbst begegnen zu können, das völlige ‚Allein-Sein' wichtig, um mit sich selbst in Einklang zu kommen. So, wie jeder Geburt ein Tod vorausgeht und nur jene wirklich zu leben verstehen, die gestorben sind. Denn erst, wer die Angst vor dem Tod überwunden hat, verliert auch die Angst vor dem Leben und somit davor, Fehler zu machen. Nur wer alles verloren hat, wer nichts mehr besitzt, lernt die Fülle kennen; den Überfluss, welchen ihm das Leben zu schenken vermag, wenn er bereit ist, diesen auch anzunehmen.

WAHRE FREIHEIT

Freiheit auf der einen, Begrenzung auf der anderen Seite, hier Licht, dort Finsternis, einerseits Mann, andererseits Frau, Yin und Yang. Jenseits davon: Freiheit. Freiheit liegt nicht, wie viele glauben, in der Verwirklichung einer Seite, sondern im Verwirklichen eines Zustandes jenseits von beidem. Durch die Verschmelzung beider Pole entsteht etwas Neues als ‚Steigerung': das höhere Dritte, die wahre, echte Freiheit jenseits von Gut und Böse, jenseits jeglicher Polarität. Es ist demnach ein Ding der Unmöglichkeit, Freiheit zu erlangen, solange im Bewusstsein Bewertung, Begrenzung und Trennung existiert. Einheit ist nicht das Resultat von Freiheit, sondern deren Voraussetzung!

Freiheit ohne die Basis des inneren Friedens führt stets zu Materialismus, Intoleranz, Macht und Unterwerfung sowie persönlicher Unzufriedenheit. Wahre Freiheit kann nur einhergehen mit spirituellem Wachstum. Denn Freiheit fordert ein hohes Maß an persönlichem Verantwortungsgefühl, welches dem Missbrauch der daraus resultierenden persönlichen Macht vorbeugt. Freiheit war und ist stets eine Sache fortgeschrittener Geister. Wird sie unverantwortlichen Menschen vollumfänglich gewährt, entsteht eine Form von Anarchie, die keinem dient – ebenso, wie wenn sie fortgeschrittenen Menschen verwehrt wird. Freiheit ist eine heikle Angelegenheit. Sie jedem zu gewähren, würde sich ebenso fatal auswirken wie sie jedem zu verwehren. Freiheit ist ein schönes Ziel, aber sie erfordert die Bereitschaft und Kraft eigenen ganzheitlich-spirituellen Wachstums.

Sie ist ein ‚zweischneidiges Schwert': Gelangt es zu früh in ‚Kinderhände', kann viel Leid entstehen. Ich weiß, dass dies nicht gerne gehört wird, aber bei genauerem Betrachten wird es sehr schnell klar. Natürlich ist es jedem angenehm, wenn ihm Freiheit in Aussicht gestellt wird, vor allem unbewussten Menschen, sie sind sich über die tieferen Zusammenhänge nicht im Klaren. Der Leserschaft meiner Ausführungen traue ich dies jedoch zu. Freiheit bedeutet Macht und Macht bedingt ein hohes Maß an Integrität. Dieser persönlichen Integrität den obersten Platz einzuräumen, sollte unser höchstes Gebot sein. Wohlgemerkt, ich spreche hier nicht über die Freiheit im üblichen Sinne, wo es darum geht, frei zu werden von Ängsten, Unsicherheiten, Mangel oder Unterdrückung, ich spreche hier von der ultimativen Freiheit und Befreiung Deines gesamten geistigen Potenzials. Dieses unterliegt keinerlei persönlichen Wünschen mehr, nicht einmal dem Wunsch nach Freiheit, denn selbst diese ultimative Freiheit wird von allen – die sie jemals erlangen – eingetauscht in ein Leben im Dienste des Nächsten, im Dienste der Allgemeinheit, in einen Dienst zum Wohle des großen Ganzen.

Insofern ist das freiwillige Sich-Begrenzen, das freiwillige Unfrei-Sein die größte Freiheit eines wahren Freigeistes, welcher echte Unabhängigkeit erlangt hat. Jesus ist lediglich ein Beispiel dafür. Jedes unbegrenzte Lichtwesen, welches sich auf irgendeinem Planeten in irgendeiner Form manifestiert, begrenzt sich. Ansonsten wäre es nicht in der Lage, aktiv an der Gestaltung und Umgestaltung des unsrigen oder anderer Planeten teilzunehmen.

ALLTAG

Wie kannst Du frei sein, wenn Du Dein ganzes Leben lang, Tag für Tag alles dafür tust, Dich an Dinge zu binden, die Du allesamt nur ausgeliehen hast? Du bist an alles gebunden, von dem Du bemerkst, dass Du es jetzt – in dem Moment – nicht hergeben kannst. Sei es ein geliebter Mensch, Partner oder Kind, Freund, Feind oder Dein Haustier. Seien es Dinge wie Geld, Wohlstand, Auto, Kleidung, Dein Haus oder was auch immer ... Auch Deine Ideologien und Philosophien, Dein Glaube und Deine Vorstellungen vom Leben fesseln Dich in eine Welt, die unbedeutend ist. Ich sage nicht, dass Du diese Dinge in Deinem Leben nicht genießen sollst. Ich rate Dir bloß dazu, Dich nicht an sie zu binden. Wenn Du ihnen anhaftest, bist Du verloren. Dein Leben wird dann mehr oder weniger von Schmerz und Leid geprägt sein. Denn die meisten Tränen vergießt Du nicht wegen anderen oder wegen wirklich traurigen Begebenheiten, sondern wegen Dir selbst, wegen Deiner Verluste. Alles, woran Dich Deine Lust bindet, wird früher oder später zum Ver-Lust. Dies zeigt des Menschen Hang zum Leiden. Alle Gelüste, jede Gier nach etwas, alles, wovon Du Dich jetzt nicht trennen magst, macht Dich abhängig und unfrei. Du bist ein Gefangener Deiner Wünsche und Ängste. Es hört sich im Moment vielleicht etwas eigenartig an, aber Du genießt das Leiden und Du bist nicht bereit, es herzugeben, weil Du an es gebunden bist. Kein anderer Mensch kann Dich jemals unfrei machen. Und keine Fesseln sind enger gebunden als diejenigen, die Du Dir selbst umgelegt hast. In der Tat kannst Du immer frei sein, sogar im Gefängnis. Ja, selbst im tiefsten Verlies, bei Wasser und Brot, ist es möglich, frei zu sein. Denn die Freiheit misst sich nicht an Raum- und Bewegungsfreiheit, auch wenn diese in der Welt immer ausgedehnter wird, sondern an innerem Ungebunden-Sein.

DIE STILLE DER NÄHE

Manchmal, wenn Du anfängst jemandem wirklich nahe zu kommen, bemerkst Du, dass Du still wirst. Stille breitet sich aus. Sie breitet sich immer und überall dort aus, wo echte Beziehungen entstehen. Stille ist Liebe. Du bist es gewohnt, oberflächliche Beziehungen zu leben. Du kennst die Tiefe, die Intimität zweier sich in der Stille begegnender Seelen nicht. Und manchmal, wenn Du einen leichten Geschmack einer solchen Verbindung, einer solch intimen Beziehung zu einem anderen Menschen erhaschen kannst, fühlst Du Dich möglicherweise sogar unwohl. Stille ist peinlich.

Stille bedeutet oft, dass man nicht weiß, was man sagen soll. Stille bedrückt Dich vielleicht sogar.

Doch es gibt keine andere Sprache, die besser dazu geeignet wäre, alles zu sagen, als die Stille. Manchmal begegnest Du dieser Stille beim Betrachten eines Sonnenuntergangs oder beim Einatmen des Duftes einer Blume, beim Lauschen auf das Plätschern eines Baches oder beim Hören angenehmer Musik.

Stille ist die Sprache des Geistes, der Atem der Seele und die intimste Beziehung zu allem, was ist; ja, Stille ist die Gegenwart Gottes. Es sind diese Momente, in denen Du den Dingen wirklich nah bist. In diesen stillen Augenblicken kannst Du erfahren, was es heißt, in Beziehung zu etwas oder jemandem zu sein. In dieser momentanen Stille kannst Du Intimität erleben.

Du willst etwas Besonderes sein?

Du willst einen besonderen Menschen, besondere Tiere, Pflanzen und Dinge um Dich haben. Du suchst ein Leben lang danach, wen oder was Du vollkommen lieben könntest. Eines Tages bemerkst Du dann, dass alles, jeder Mensch, jedes Tier, jede Pflanze und jedes Ding etwas absolut Besonderes ist. Alles ist besonders, zumindest all jenes, dem Du Dich in den Augenblicken absoluter Stille hingibst.

Du selbst wirst in dem Maße besonders, indem Du etwas anderes oder jemand anderen als besonders betrachtest.

Wenn Du mit jemandem eine Beziehung eingehst, ist diese meist nur oberflächlich. Du unterhältst Dich über belanglose Dinge wie das Wetter, die Arbeit, Geld, Mode, Sport usw. Dies ist bloße Zeitverschwendung, ein langweiliger Zeitvertreib, um echte Intimität zu verhindern. Doch wenn Intimität entsteht und man anfängt sich dem anderen wirklich nahe zu fühlen, gewinnt plötzlich alles an

Bedeutung. Jedes Wort, jeder Blick, jede Bewegung und jedes Schweigen.

Immer wenn Nähe, Liebe entsteht, taucht Stille auf. Kurz davor tauchen Deine Ängste, Zweifel, Unsicherheiten und möglicherweise Neid sowie Eifersucht auf. Das ist normal. Deshalb ist es auch so wichtig, diese Gefühle zu integrieren. Denn solange sie da sind, können Intimität, Stille und somit wirkliche Beziehung nicht entstehen.

Das Glück der liebenden Stille erfährt man nicht, weil man etwas hat, bekommt oder indem man geliebt wird, sondern indem man alles gibt, was man hat. Das große Glück ist nicht geliebt zu werden, sondern zu lieben!

Erst wenn man alles gegeben hat, was man besitzt, und das ist letztendlich nur eines: Deine Liebe, dann kann Intimität entstehen und ein ungehindertes Fließen von Liebe geschehen. Liebe fließt immer. Sie verlangt nicht, denn sie will bloß geben. Sie fürchtet daher auch keinen Verlust. Verlust für die Liebe ist, wenn sie nicht lieben kann. Nicht geliebt zu werden, darum sorgt sich die Liebe nicht.

Für die meisten Menschen bedeutet ‚kommunizieren': zu reden, zu diskutieren, zu philosophieren. Echte Kommunikation findet jedoch im Herzen statt. Die Stimme des Herzens ist die Stille. Sie spricht immer, sie ist immer da, sie wird bloß von bedeutungslosem Gerede übertönt. Sprache ist ein sehr primitives Kommunikationshilfsmittel. Mit ihr kann niemals auch nur ansatzweise vermittelt werden, was die Stille zu sagen vermag. Sprache ist nicht viel mehr als ein ‚Grunzen'. Selbst das Grunzen eines Schweins ist bedeutungsvoller als das unablässige Gerede der Menschen.

Je stiller Du wirst, desto mehr wirst Du fähig sein zu lieben.

Nur wo keine Liebe ist, da braucht es Worte. Sonst versteht man sich selbst und auch einander nicht. Doch wo Liebe ist, da sind Worte überflüssig. Nicht weil man einander nichts zu sagen hätte, sondern weil Worte nicht das ausdrücken können, was wirklich ist. Es ist eine neue Dimension, in die man überwechselt, eine höhere Ebene der Kommunikation. Ich nenne sie die heilige Kommunikation, die Kommunion zweier oder auch mehrerer verbundener Seelen, die ihre Essenz miteinander teilen.

Wie wird man still und wie kann ich lieben lernen?

Es fängt damit an, dass Du Dich selbst akzeptierst und so, wie Du bist, zu lieben beginnst. Dies öffnet Dich und macht Dich sensibel. Es verschafft Dir Zugang zu Deinem Wesen, zu dem, was wesentlich an Dir ist. Wenn Dir das gelingt, dann wirst Du alles andere ebenfalls akzeptieren und lieben. Du wirst feststellen, dass alles verletzlich ist, dass alles verwundbar und dadurch einzigartig ist. Die majestätische Schönheit aller Menschen, Tiere und Dinge sowie die wundervolle Liebe, von der alles getragen ist, werden Dir allmählich immer bewusster.

Und wenn Du erst einmal Dich selbst liebst, dann beginnst Du auch wieder das Leben in all seinen Aspekten zu lieben. Dann wird es unnötig sein, sich Gedanken darüber zu machen, wie man sich verbessern könnte. Von nun an geschieht Deine Entwicklung wie von selbst. Das Leben in Dir entfaltet sich. Du hast nun keine Notwendigkeit mehr, ein Idol, ein Ideal, einen Guru, Lehrer, Heiler oder irgendwelche Götter anbeten und verehren zu müssen. Du hast Dich in die unmittelbare Obhut des Lebens selbst gegeben und beginnst, Dich mit der Essenz zu vereinigen. Bald wirst Du völlig in ihr aufgehen. Du wirst Dich nicht mehr darum bemühen, zu lieben oder geliebt zu werden, still oder nicht still zu sein. Du bist die Liebe, Du bist die Stille selbst. Jetzt ist alles ‚intim'.

LIEBE UND SELBSTVERLEUGNUNG

Den größten Fehler, den viele machen – vor allem Männer –, ist: dass sie sich selbst verleugnen, sobald die Frau ihrer Begierde oder ihre Partnerin in Sichtweite ist. Dies ist mitunter eines der sichersten Zeichen, dass es nicht gutgehen wird. Wenn man als Mann unter Männern quatscht, dann wird über dies und jenes berichtet, Späße über andere gemacht, über die Frauen diskutiert, über Sex geredet und über alles entspannt und ausgelassen geflunkert. Auch über intime Wünsche wird gesprochen. So weit, so gut. Doch kaum taucht das Mädel eines solchen Mannsbildes auf, steht alles Kopf. Keiner macht nun mehr Späßchen, niemand schaut nun anderen Frauen mehr hinterher, alle benehmen sich plötzlich so, wie sie glauben, dass es ihre Partnerin wünscht. Oh mein Gott, wie peinlich ist denn das?!

Was ich in den Seminarhotels auch oft beobachte, ist, solange wenigstens eine Frau an der Bar sitzt, bevölkern mindestens vier bis fünf Männer ebenfalls und sehr unterhaltsam, lustig und redselig die Bar. Und, oh welch ein Wunder, sobald diese Frau dann die Bar verlässt, um ins Bett zu gehen, sofort sind alle Männer ebenso müde und legen sich nun auch schlafen.

Noch viel lustiger wird es, wenn plötzlich die eigene Frau an der Bar auftaucht ...

Aber warum bitte ist es notwendig, sein Verhalten derart von äußeren Begebenheiten abhängig zu machen? Was treibt denn einen Partner dazu, dass, wenn beispielsweise seine Frau, Freundin oder Mann auftaucht, plötzlich in einen ganz anderen Menschen zu mutieren? Wovor fürchten sich diese? Kann es sein, dass der Partner eigentlich gar nicht weiß, mit wem sie zusammen sind? Und wieso kennen sie sich nicht? Ist es, weil sie sich gegenseitig immer etwas vorgemacht haben? Nun frage ich Dich: Ist das Liebe? Kann so etwas gutgehen?

Wenn ich eine Partnerschaft habe und nicht so sein kann oder mich nicht traue, so zu sein, wie ich wirklich bin, dann ist es höchste Zeit nachzuforschen, was eigentlich wirklich los ist. Habe ich Angst vor meinem Partner? Ist er so böse und wird wild, wenn man selbst dumme Sprüche oder zweideutige Bemerkungen in einer lustigen Runde macht? Gut, das kann ja sein, aber dann stellt sich die Frage: Ist dies der richtige Partner für mich?

Wenn ich mich gegenüber meinem Partner verstelle – und es gibt keine plausiblen Gründe dafür –, dann bedeutet dies das Aus für unsere Beziehung. Warum? Weil es keine Liebe ist, sondern Angst, von der man sich leiten lässt. Und Du bist ja nicht in einer Partnerschaft, um

Angst vor Deinem Partner zu haben, oder? Wir müssen also den Mut entwickeln, uns immer so zu zeigen, wie wir sind. Sollte das für den anderen unverträglich sein, so bedeutet dies, dass ich, so wie ich wirklich bin, nicht den Wünschen meines Partners entspreche. Mich jetzt deswegen zu verstellen, ist Betrug! Ich betrüge den anderen um das, wie ich wirklich bin. Du lügst dem anderen etwas vor, was Du letztlich nicht bist. Und ich versichere Dir, dass es eines Tages sowieso rauskommt und die dann explodierende Bombe hättest Du ganz leicht am Detonieren hindern können. Du hättest nur nie anfangen müssen mit dem Betrug!

Aber lass uns doch einfach mal fragen, wieso so viele überhaupt damit beginnen? Es ist die Angst, nicht zu bekommen, was man gerne haben möchte. Die Menschen lügen fast nur aus diesem Grund. Aber ist dies ein guter Grund, um eine Beziehung in der Art zu führen? Natürlich nicht! Es ist viel schöner und einfacher, eine Beziehung, Freundschaft oder Ehe damit zu beginnen, dass man dem anderen etwas gibt. Aber solange alle immer nur haben wollen, stehen Beziehungen im Allgemeinen unter keinem so günstigen Licht, finde ich.

Höre einfach auf damit! Wahrscheinlich taucht, kaum denkst Du daran, ehrlich werden zu wollen, nun die Angst auf: Wenn ich das tun würde, dann wäre ich bald wieder alleine. Und ich frage Dich: Ja, und? Was wäre so schlimm daran? Es ist doch allemal besser, ehrlich und klar alleine zu sein, als verlogen und gemeinsam in einer Beziehung, oder etwa nicht? Ansonsten lies doch einfach nochmals das Kapitel über das Alleinsein-Können.

Sei mutig und stehe zu Dir. Es ist vollkommen in Ordnung, so zu sein, wie Du bist! Wenn dies jemandem nicht passt, dann ist es nicht der oder die Richtige. Männer, die den Mut nicht aufbringen können, werden zu Pantoffelhelden und verlieren nach und nach so viel an Attraktivität, dass sich bald niemand mehr nach ihnen umdreht.

Natürlich gibt es auch Frauen, die Pantoffelhelden mögen. Sie mögen Männer, mit denen sie alles machen und ihn so steuern können, wie sie das wollen. Aber auch solchen Frauen – die übrigens eher Ausnahme als die Regel sind – werden Pantoffelhelden früher oder später äußerst langweilig und sie suchen sich einen richtigen Mann.

KOMPROMISSE

Manche mögen jetzt einwenden, dass es doch in jeder Beziehung Kompromisse gibt und dass dies doch jetzt nichts Unnormales sein kann. Da hast Du auch recht. Kompromisse sind etwas Normales. Es gibt sie, zum Beispiel beim Essen oder bezüglich eines gemeinsamen Urlaubes. Dann isst man heute eben das und morgen jenes. Man fährt in diesem Jahr eben nach Italien und im nächsten in die schönen Schweizer Berge . Aber es darf keine Kompromisse geben in Bezug darauf, wie der andere ist. Selbst wenn Du weißt, wie Du gemäß den Wünschen Deines Partners sein müsstest (und dies auch vorspielen könntest), gilt: keine Kompromisse! Auch wenn einige Unannehmlichkeiten damit zu umgehen wären, sei Dir bewusst, damit steuerst Du zielstrebig auf noch weitaus größere zu.

Ich weiß, gerade am Anfang einer neuen Beziehung fällt es ganz leicht, Kompromisse zu machen. Aber bitte denke ein klein wenig weiter. Nach wenigen Monaten wird diese Fähigkeit merklich nachlassen. Sobald Du Dir Deiner Sache sicher bist, wirst Du bemerken, dass Du plötzlich keine Lust mehr hast, immer Kompromisse machen zu müssen, nur damit der andere zufrieden ist.

Du siehst also, wie wichtig es ist, gerade und vor allem zu Beginn einer Beziehung kompromisslos zu sein. Wenn der andere das mit Freude nimmt, dann kannst Du später dem anderen auch wieder entgegenkommen. Entwickle immer Feingefühl und Klarheit zu und über Dich selbst und darüber, was Du wirklich willst. Dann erreichst Du es auch. Und wie schon gesagt, wenn das, was Du willst, Geben ist, dann stehen Deine Chancen für eine erfüllende, liebevolle, bereichernde und dauerhafte Beziehung sowieso außerordentlich gut.

FÜR FRAUEN

Liebe Frauen, Ihr wisst ja, wie leicht die meisten Männer zu manipulieren sind, oder? Eben. Nun liegt es auch in Eurer Verantwortung, das nicht auszunutzen. Ihr tut weder Euch noch Euren potenziellen Partnern einen Gefallen. Natürlich macht es Spaß und ja, Ihr kriegt dadurch alles, was Ihr wollt, zumindest fast alles. Das Wichtigste aber nicht: echte Liebe. Zeigt Euren Charakter und zwingt die „Fast-Männer" nicht Euch zu gehorchen, indem Ihr mit Liebesentzug und öffentlichen oder heimischen Szenen droht. Droht nicht – weder ausgesprochen noch zwischen den Zeilen – mit endlosen, vorwurfsbeladenen Diskussionen oder missmutigen Stimmungen.

Ich weiß, manche Männer sind sehr, sehr einfach zu erpressen. Wenn Ihr wartet, bis ein solcher Mann von sich aus in seine Kraft geht, dann könnt Ihr oftmals lange warten. Zwingt sie lieber, anstatt sie zu erpressen, in ihre Kraft zu gehen. Das wäre wirkliche Unterstützung! Das erfordert natürlich auch eine starke Frau! Nur starke Frauen schaffen es, einen Mann in seine Kraft zu bringen, selbst dann, wenn ihre eigenen Vorteile dadurch Gefahr laufen, zu kurz zu kommen. Bist Du als Frau bereit Deinen

Mann wirklich zu unterstützen? Oder bist Du nur darauf aus zu bekommen, was Du haben willst? Wenn Du damit zufrieden bist, dann bist diesmal Du eine „Pantoffelheldin". Dann wird Dir auch der genau gleiche Mann über den Weg laufen. Allerdings bin ich mir sicher, dass Du dieses Buch nicht lesen würdest, wenn Du so schwach wärst. Also gehe ich davon aus, dass Du zu den starken Frauen gehörst, und genau solche Frauen braucht die Männerwelt!

Die Frauenwelt hat genau die Männer verdient, die sie in ihrem Leben haben. Eine sinnvolle Veränderung jenseits von Mannsein oder Frausein beginnt daher immer bei uns selbst.

AUSKLANG

Ich wünsche Dir die Klarheit, alles genau betrachten zu können.

Ich wünsche Dir die Kraft, immer zu Dir stehen zu können.

Ich wünsche Dir die Weisheit, zu beenden, was zu beenden ist, und weiterzuführen, was voller Zukunft ist.

Ich wünsche Dir die Intelligenz, wann immer es notwendig ist, das zu entscheiden, was zu entscheiden ist.

Und natürlich wünsche ich Dir Folgendes:

Eine wundervolle, erfüllte und erfüllende Beziehung, welche von wahrer Liebe getragen bis in die Unendlichkeit des Seins hineinreicht und darüber hinaus bis in alle Ewigkeit andauert.

«

TEIL II
IM SCHATTEN DER LIEBE

AUFKLÄRENDES VORWORT

Im Schatten der Liebe

Wenn man diesen Titel hört, so könnte man leicht dazu verleitet sein, ihn falsch zu interpretieren. Wir haben die Vorstellung, dass der Schatten von etwas, immer auch von diesem ‚Etwas' abhängt oder ins Leben gerufen wird, wir glauben, dass beides untrennbar zusammengehört. Dem ist auch so, außer ... bei echter Liebe. Echte Liebe ist reinstes Licht.

Wo Licht ist, da ist kein Schatten!

Vielleicht glaubst Du, dass, wo Licht ist, auch Schatten sein müsse. Aber das ist nicht wahr! Umgekehrt – das ist wahr: Wo Schatten ist, da ist auch Licht. Auch das macht die Liebe zu etwas Besonderem. Ja, Liebe ist ein ganz einzigartiges Mysterium, sie kommt ohne Schatten aus.

Aber lass mich Dir meine Sichtweise erklären: Was Schatten wirft, muss fest oder zumindest etwas fester als seine Umgebung sein. Doch Liebe ist dermaßen transparent, dermaßen durchlässig, dass sie daher keinen Schatten werfen kann. Möglicherweise sieht es bisweilen so aus, als ob auch die Liebe einen Schatten werfen könne, aber meist bin eher ich selbst es, der so tut, als ob es so wäre. Die Wirklichkeit ist es aber nicht. Echte Liebe hat keinen Schatten, oder anders gesagt, sie löst keinerlei Reaktion im Verstand aus. Der Schatten ist unser Verstand, das Licht ist unser Herz. Sie treten zwar gemeinsam auf, aber wirklich zusammen gehören sie nicht.

Liebe und Schatten scheinen nur dort zusammen zu gehören, wo Liebe keine Liebe ist. Keine Liebe ist all das, was sich unser Verstand ausdenkt, wo er sich tunlichst abstrampelt, um so etwas wie Liebe zu reproduzieren. Allgemein kennen wir Menschen nur diese Art der vorgetäuschten Liebe. Wir kennen nicht das Original. Wir kennen nicht die reine Liebe, die aus dem Herzen strömt. Wir kennen meist bloß das Imitat, das unser Verstand uns vorgaukelt.

DER SCHEIN TRÜGT

Genau wie der Umschlag eines Buches vermag Liebe oder besser gesagt das, was die Menschen Liebe nennen, einen Eindruck zu hinterlassen, dem sie nicht gerecht werden kann. Auch die menschliche Variante der Liebe kommt oft ‚kosmetisch aufgepeppt' daher. Sie präsentiert sich im herrlichsten Outfit und hofft insgeheim, nicht entlarvt zu werden. Tja, und viele fallen auf diese Version von Liebe rein. Viele sind einfach nicht in der Lage, mit echter Liebe umzugehen. Sie wollen diese schön glitzernde ‚Fata Morgana' scheinbarer Liebe auch gar nicht erst durchschauen. Sie bevorzugen lieber den Schein und ignorieren das Licht. So erspart man sich die demaskierende Konfrontation mit der Wahrheit und der möglichen Konsequenz, sich am Ende auch noch selbst ändern zu müssen.

Aber das ist ein gefährliches Spiel. Irgendwann bahnt sich die Katastrophe ihren Weg. Es ist wie beim Klima, man kann ein paar Jahre über den Klimawandel hinwegsehen, das böse Erwachen wird aber kommen. Ganz egal wo wir all die Jahre und Jahrzehnte zuvor hingeschaut haben. Ja, in der eigenen Verliebtheit übersieht man gerne die

Wahrheit, doch die Wahrheit wird ans Licht kommen. Du magst ausgehen, Champagner trinken, seine starken Muskeln oder ihre weiblichen Rundungen bewundern. Ihr werdet Euch treffen, immer und immer wieder, romantische Stunden verbringen, Euch lieben und Euch gegenseitig mit Komplimenten überhäufen ... Ja, Ihr mögt Euch im blinden Taumel der Hormone, geblendet vom Schein der Liebe verloben und heiraten ... Doch was dann? Was, wenn sich die Schatten der Liebe: Eifersucht, Verlustängste, Besitzansprüche, Erwartungen, Bedingungen und Kontrollsucht in ihrer unverblümten Form zeigen? Was tun, wenn dann schon Kinder, Haustiere, ein teures Auto und ein verschuldetes Haus da sind? Arrangiere ich mich damit und lebe fortan ein Leben, von dem ich früher behauptete, es niemals leben zu wollen? Oder suche ich mir irgendwelche Theorien zusammen, welche mir belegen, dass schon alles in Ordnung sei? Tja, wie auch immer ... Doch macht es wirklich Sinn, bei steigender Flut tief mit den Knöcheln im Watt stecken zu bleiben, an die Küste zu starren und sich einfach vorzulügen, dass schon nichts passieren wird?

Wie vielen Menschen steht denn schon heute das Wasser bis zum Hals? Millionen und Abermillionen stehen kurz vor einer emotionalen Klimakatastrophe! Was sich gegenwärtig im Äußeren, in der Welt, in der Gesellschaft, der Politik und Wirtschaft und natürlich auch in der Natur abspielt, nahm wie alles andere auch seinen Anfang im Inneren, im Bewusstsein von uns Menschen. Während also die globale Klimakatastrophe erst beginnt, ist die menschliche Bewusstseinskrise bereits auf ihrem Höhepunkt. Deshalb auch mein eindringlicher Ton. Natürlich spreche auch ich viel lieber über die Sonnenseiten der Liebe, doch in diesen Zeiten, wenn alles sich zuzuspitzen droht, ist es mehr als notwendig, das Augenmerk mal mehr als deutlich auch auf die aktuellen Missstände zu legen und nicht mehr abzulenken. Nimm es mir also nicht allzu übel, wenn ich den Schein dessen, was die meisten ‚Liebe' nennen, ein wenig entzaubere. Ich tue dies letztlich bloß aus einem Grund: dem Licht wahrer Liebe wieder zum Durchbruch zu verhelfen. Denn das ist auch die Lösung aller weltlichen Probleme.

LIEBE IST FREIHEIT UND FREIHEIT MACHT ANGST

Wahre Liebe bringt Freiheit, aber wahre Freiheit macht Angst. In der Freiheit verlieren sich alle Grenzen. Nirgendwo kannst Du Dich festhalten, nirgends Dich orientieren. Der Verstand kann aber nicht ohne Kontrolle leben, doch wie soll das gehen? Wo keine Orientierungspunkte sind, ist es auch mit der Kontrolle nicht so einfach. Sicherheit, die Basis des Verstandesdenkens, ist nicht möglich. Das Ego verliert sich und das macht Angst. Es fürchtet sich. Es fürchtet sich vor Liebe. Das ist die Wahrheit. Die Liebe entzieht ihm jegliche Kontrolle, jegliche Sicherheit.

Das Ego liebt nun aber sein goldenes Gefängnis scheinbarer Sicherheit. Es liebt dieses Gefängnis mehr, als ein Leben in Liebe und Freiheit. Liebe ist so gesehen wahrlich kein leichtes Ding. Und das Ego weiß das. Um wahrhaft lieben zu können, bleibt daher nur ein Weg: Das Ego muss sich auflösen, muss sich transformieren.

In der Verliebtheit verliert man den Verstand und tut Dinge, die man sonst niemals tun würde. Das endet jedoch früher oder später meist in der Abhängigkeit. Um wahre Liebe leben und erleben zu können, musst Du bereit sein, die Vorherrschaft Deines Verstandes selbständig und bewusst abzugeben. In der Liebe lösen sich alle Bedingungen, zum Beispiel: die Sucht nach Kontrolle oder die Lust an Besitztum. Du musst und wirst zu einem einzigen Fließen werden. Du wirst absolutes augenblickliches und gegenwärtiges Sein. Wahre Liebe lebt nur im Augenblick. Der Augenblick jedoch, die absolute Gegenwart bedarf keiner Absicherung, bedarf nicht der Fähigkeiten des Verstandes. Im Gegenteil. Leben wird zu einem unkontrollierbaren Abenteuer. Einem Abenteuer, das nur große Seelen zu bestehen vermögen. Ich möchte, dass Du zu diesen großen Seelen gehörst. Mein Wirken ist deshalb nur auf dieses eine Ziel hin ausgerichtet: dich bei Deinem Wachstum zu einer großen Seele zu unterstützen. Dich in Deiner Bewusstwerdung zu unterstützen. Mir bedeutet das mindestens so viel wie den meisten eine Paarbeziehung. Für mich existieren zweierlei Familien, die kleine: Mann, Frau, Kinder, Eltern und Geschwister und die große: Du, ich und jedes Geschöpf dieses wundervollen Planeten. Darüber hinaus leben wir uns auch noch in der weitaus umfangreicheren Familie: Der universellen Gemeinschaft aller planetaren Wesen, sozusagen die intergalaktische Familie, der transdimensionalen Familie aller Geschöpfe aller Universen und letztlich der Familie aller Geschöpfe. Das ist die Familie der Göttlichkeit. Dieses Eins-Sein mit allem, was ist, und allen, die sind, ist höchstes Ziel meiner Bestrebungen.

Die Tore dahin sind weit geöffnet, tritt ein, wenn Du willst, gerne auch jetzt.

IM SCHATTEN DER LIEBE | BRUNO WÜRTENBERGER

IM SCHATTEN DER LIEBE

Wie bei jedem Licht können auch durch die Liebe, dem großen Licht der Seele und des Geistes, Schatten entstehen. Hauptbestandteil dieses Schattens ist das Ego mit seinen Ängsten, seiner Eifersucht und seinem Besitzanspruch. Ja, das Ego mit seinem ewig vergleichenden, berechnenden, habenwollenden und kontrollierenden Verstand ist der Schatten, der entsteht, sobald das Licht der Liebe auf es fällt. Es ist die Grenze. Hier begegnen sich das Bekannte und das Unbekannten. Hier ist die Schnittstelle, die ich gerne auch als das Schattenreich bezeichne.

LIEBE IST EIN MYSTERIUM

Der Verstand will immer wissen, wissen, wissen ... Auch wenn die Liebe in Dir erwacht, macht er keine Ausnahme. Er fragt sofort: Warum? Doch für die Liebe existiert kein Grund, kein Warum, Weshalb und Wieso. Liebe ist einfach. Sie ist einfach da. Grundlos. Und weil sie das ist, erhebt sie keinerlei Ansprüche. Sie will weder besitzen noch etwas Besonderes sein. Sie will auch nicht geliebt werden. Liebe liebt – Ende. Liebe kommt auch nirgendwo her und geht nirgendwo hin. Sie ist schon immer, war schon immer und wird auch immer sein. Sie ist die Essenz des Lebens und so unergründlich wie Gott selbst. Gott ist Liebe. Wenn Du liebst, dann fühlst Du Dich göttlich!

Wenn Du jetzt damit beginnst, Deine Liebe für etwas zu nutzen, verliert sie ihre Schönheit und Anmut. Durch Dein Wollen verdunkelt sich alles. Anstelle Deines liebenden Seins tritt die Angst, Eifersucht und am Ende die Wut. Nun ist die Liebe, die zuvor noch Lösung aller Dinge war, zum Problem geworden. Der Verstand versucht die Liebe zu hinterfragen, doch bekommt keine Antwort. Wenn Liebe zum Problem geworden ist, gibt es keine Lösung. Liebe kann nur gelebt, aber niemals kontrolliert, verstanden und schon gar nicht gelöst werden. Liebe ist kein Problem. Nur Probleme haben eine Lösung.

LIEBE IST NICHT VON DIESER WELT

Liebe ist nicht von dieser Welt, sie kommt vielmehr aus einer anderen Dimension und bringt dem Leben eine neue Qualität, etwas Göttliches. So wie Gott nicht erfasst, sondern nur erfahren werden kann, so lässt sich auch die Liebe nicht ergreifen oder machen, sondern nur erleben. Sie ist nicht dazu da, beherrscht zu werden, sondern frei zu sein. Liebe ist Freiheit! Jeder Versuch, sie zu begrenzen, wird fehlschlagen. Liebe ist unangreifbar, nicht fassbar, wie das Göttliche. Du kannst Dich von ihr ergreifen lassen oder nicht, sie erfahren oder nicht, Dich von ihr erfassen lassen oder nicht ...

Es ist gefährlich, das muss Dir klar sein. Wenn Du Dich öffnest und von der Liebe erfassen, erfüllen und durchlichten lässt, dann wird der Schatten sterben. Das ist der Tod des Egos. Jedes Mysterium beinhaltet den Tod wie auch die Wiedergeburt. Wenn das Ego jedoch nicht bereit ist zu sterben, verwandelt es die Liebe zu einer hässlichen Sache. Dann fällt der Schatten in Dein Erleben. Dieser Schatten ist verantwortlich für die vielen hässlichen, hasserfüllten Taten wie Vergewaltigungen, Missbräuche, Selbstmorde und Morde. Ganz zu schweigen von den vielen dadurch ausgelösten familiären Tragödien und Kindertränen.

WARUM LIEBST DU MICH?

Stellt Dir jemand diese Frage, dann musst Du eine Begründung finden. Wieso liebst Du? Nun, welche Gründe willst Du nennen? Weil du schön bist? Weil du erfolgreich bist? Weil du so schön sprichst? Weil du tust, was du tust, hast, was du hast, oder so? Nein, die Frage nach dem „Warum der Liebe" kann nicht beantwortet werden. Wenn da eine Antwort über Deine Lippen kommt, dann handelt es sich nicht um Liebe. Liebe ist immer grundlos, augenblicklich und somit unerklärlich. Alles Augenblickliche ist unerklärlich, ein Mysterium. Und es ist gerade das, was die Liebe, das Leben und jede Form gegenwärtiger Göttlichkeit so besonders macht. Für die Liebe gibt es keinen Grund, denn Liebe ist der Grund selbst.

WOHER DIE FURCHT VOR LIEBE?

Der Verstand beherrscht vor allem eines: das Fragenstellen. Zugleich fürchtet er sich auch vor allem vor einem: dem Antwortlosen. Sobald ein Geheimnis auftaucht, tritt der Verstand in allerhöchste Alarmbereitschaft. Es muss gelöst, es muss beantwortet werden. Dem Verstand geht es dabei weniger um den Wahrheitsgehalt der Antworten als rein darum, dass er überhaupt eine Antwort findet. Erst eine Antwort erlaubt es ihm, wieder zur Ruhe zu kommen. Der Verstand fürchtet sich vor der Unendlichkeit, vor der Weite solcher Mysterien und davor, dass er diese nicht zu durchschauen vermag. Denn was er nicht durch-schauen kann, das lässt sich auch nicht kontrollieren, und Kontrollverlust bringt den Verstand an den Rand der Verzweiflung. Eine Frage ohne Antwort öffnet einen Raum ohne Anfang und Ende. Keine Möglichkeit, sich irgendwo festzukrallen. Ließe er sich in diesen Raum fallen, würde er sich ganz der Liebe öffnen und in der Göttlichkeit aufgehen, wäre total verloren. Für den Verstand ist und bleibt die Liebe ein unkontrollierbares Mysterium. Das macht Angst. Das ist die Angst vor dem totalen Verlust.

LIEBE MACHEN?

Nein, Liebe kann man nicht machen, Sex schon. Liebe jedoch ist nicht machbar, genauso wie Leben oder Gott nicht machbar sind. Solche Dinge geschehen, sie sind einfach. Du kannst Liebe geschehen lassen, Dich ihr vertrauensvoll hingeben, auch wenn Du nicht weißt, wohin es Dich führt, aber machen kannst Du sie nicht. Sobald Du sogar nur damit anfängst, etwas mit ihr machen zu wollen, zerstörst Du sie. Und mit ihr wirst auch Du zugrunde gehen.

Liebe macht etwas mit Dir! Sie raubt Dir den Verstand und begleitet Dich in wundervolle Gefilde weitab, weit jenseits des Verstandes und des Lebens, wie Du es bisher erfahren hast. Du wirst die Göttlichkeit eines jeden Augenblicks erkennen, ein Leben, welches nicht mehr zu einem Zweck gelebt wird, sondern aus reiner Freude am Leben selbst. Es ist Ekstase. Du schwingst und fließt mit dem Leben in einer Vollkommenheit, welche sich jeder Beschreibung entzieht. So etwas kann nicht gemacht werden, so etwas kannst Du nicht machen, aber Du kannst eintauchen und mit dem Strom des Lebens von Augenblick zu Augenblick fließen, Du kannst Dich im unendlichen Ozean der Liebe auflösen. Dann wirst Du alles, was Du tust, nicht mehr für etwas, sondern aus etwas heraus tun. Du handelst aus Liebe, um der Liebe wegen. Um einer Liebe wegen, die nichts fordert, die nicht fragt, die nichts erfüllt. Um einer Liebe wegen, die die Antwort ist, eine Antwort auf alles, auf alles, was nicht beantwortet werden kann. Ein Mysterium eben.

LIEBE GEBEN?

Nein, auch das ist nicht möglich. Du kannst Liebe niemandem geben, da sie nichts Persönliches ist. Liebe ist. Jeder kann sie sich nehmen, aber geben kann sie keiner. Du kannst sie nehmen und sein, mehr nicht. Liebe hilft nicht, Liebe heilt nicht, Liebe will nichts. Dennoch vermag nichts der Welt mehr zu geben als sie. Ja, es ist ein Paradoxon. Die Liebe hat keinen eigenen Willen und sie will auch keinen haben. Die Liebe ist glücklich ohne Ego, ohne eine Instanz, die immer haben will oder geben muss. Liebe gibt nicht, weil sie geben will, Liebe gibt, weil sie Geben ist.

Du kannst der Liebe nichts geben, sie beinhaltet schon alles, alles, was immer es auch sei. Sie lässt sich weder kaufen noch bestechen, weder durch gute Taten noch durch ein gottgefälliges Leben. Liebe befindet sich weit jenseits aller Parameter irdischer Wertmaßstäbe. Somit ist die Liebe immer und jedem zugänglich. Das ist die beruhigende Nachricht: Die Liebe kennt keine Unterschiede. Ob Du in sie einzutauchen vermagst, ist keine Frage dessen, was Du ihr zu bieten oder zu geben hast, sondern ob Du den Mut hast, Dich ihr hinzugeben, ihr ganz zu öffnen oder eben nicht. Insofern ist das Einzige, was Du der Liebe,

dem Leben, Gott oder dem Universum zu geben vermagst:
Deine Hingabe.

DIE DUNKLE SEITE DER MACHT

Die dunkle Seite der Macht ist also nichts weiter als die unheilvolle Kombination aus verstandesmäßigem Wirken, aber mit der Kraft der Liebe. Ein Mensch also, der sich nicht traute, sich ganz hineinzubegeben, in die Liebe. Es ist also nicht das Böse, sondern die Angst, die die dunkle Seite der Macht befiehlt. Deshalb hat man eigentlich auch nichts zu befürchten, denn die Angst verliert sich von alleine in dem Moment, in dem sie sich der Liebe hingibt. Unsere Aufgabe ist es, das Licht der Liebe als ein Angebot an den Verstand aufrechtzuerhalten, mehr nicht. Liebe will sowieso nicht bekehren, aber sie bietet sich an. Stetig. Unablässig und unaufdringlich. Sei Du selbst ein solches Angebot für die Welt! Wundere Dich aber nicht, wenn sich an Deinen Wirkungsgrenzen unglaubliche Tragödien abzuspielen beginnen. Das ist normal. An der Schnittstelle zwischen Leben und Tod, zwischen Verstand und Liebe, findet immer ein verzweifelter Überlebenskampf statt. Einige werden den Sprung schaffen, andere eben erst später. Dich muss das nicht interessieren. Wer in der Liebe ist, der befindet sich – wo immer er auch sein möge und was immer sich auch abspielt – stets in der Mitte, ja mehr noch, im Zentrum der Mitte, inmitten der

Essenz des Lebens.

Der Verstand will besitzen, was er liebt, die Liebe ist sich hingegen bewusst, alles bereits zu besitzen, was sie liebt. Liebe besitzt, ohne haben zu wollen. Das Ego will haben, ohne lieben zu wollen. Du siehst, die Unterschiede sind gar nicht so groß. Dennoch sind es zwei Welten.

DIE LIEBE ZWISCHEN MANN UND FRAU

Ein Mann liebt seine Frau und umgekehrt. Sobald man sich einig ist, eine Art Beziehung zu führen, tritt das Ego auf den Plan. Augenblicklich definiert es sein Glück über das Verhalten des anderen. Gerade hatte sich das Herz noch darauf verlassen, dass es das Schönste sei zu lieben, jetzt aber schaltet sich der Verstand dazu und fordert unerbittlich ebenfalls geliebt zu werden. In diesem geschieht der Mord: Die Liebe wird umgebracht. Basierend auf dieser Leiche im Keller wird man nun verzweifelt versuchen, Beziehungen aufzubauen.

Wie könnte sich eine solche Beziehung nun anders entwickeln, als immer kälter, immer toter, immer verzweifelter und immer lebloser zu werden?! Es ist eine Frage der Zeit, das Begräbnis aber steht schon fest. Gelingt es dem Pärchen nicht, gemeinsam den Schritt in die Liebe zu gehen, in die wahre, reine, bedingungslose Liebe, so ist die Tragödie programmiert. Aber was bedeutet das, diesen Schritt zu gehen? Es bedeutet, dass beide alle Ansprüche aneinander fallen lassen müssen. Liebe kann nicht in Abhängigkeit existieren. Niemals. Die Natur der Liebe ist

Freiheit. Ganz konkret bedeutet das, dass die Liebe auch dann liebt, wenn der andere untreu ist, arbeitslos, unehrlich oder ehrlich, arm oder reich, das spielt für die Liebe keine Rolle. Liebe stellt keine Bedingungen, sie liebt einfach. Alle Bedürfnisse eines wahrhaft der Liebe hingegebenen Menschen sind bereits erfüllt. Er ist glücklich. Er ist Liebe. Diese ist er bereit zu teilen, ohne Gegenleistungen zu erwarten. Das ist Liebe. Liebe urteilt nicht, bewertet nicht und fühlt sich nicht verletzt, Liebe ist. Du kannst Liebe nicht enttäuschen, nur das Ego und folgerichtig damit auch ent-täuschen.

BEZIEHUNGEN IN ECHTER LIEBE VERLANGEN VIEL

Beziehungen in echter Liebe verlangen, dass Du Dein ganzes Leben aufgibst, Deine ganzen Ängste und alle Deine Wünsche. Davor ist es keine Liebe. Wahrhaft Liebende zu sein ist also gar nicht so leicht, wie man glauben könnte. Die Beziehung zweier wahrhaft Liebenden sind von einer Weite und einer Freiheit geprägt, welche selbst das größte Ego in die Flucht schlagen wird. Wahre Liebe ist nur und ausschließlich jenseits egoistischer Bedürfnisse möglich. Alles andere sind Kompromisse. Diese vermögen wohl ein bis zwei Leben lang zu bestehen, aber auf die Dauer können auch sie nicht überleben. Ja, wie sollte sich die Liebe auch im gesamten Universum ausbreiten können, wenn Du nicht einmal fähig bist, sie über Deinen eigenen Geliebten oder Geliebte hinaus zu erweitern?! Möglicherweise spürst Du gerade, wie sich der Schatten auf Dich legt und Dir sagt, dass dies doch alles Unsinn sei (...) Geh weiter, tauche ein, fürchte Dich nicht ... Selten wirst Du Dich glückseliger gefühlt haben als dann, wenn Du in bedingungsloser Liebe aufgehst. Trau Dich, danach traut Euch. Denn bevor man sich traut und sich auf eine Ehe einlässt, sollte man sich trauen, sich der Liebe vollends hinzugeben. Dann wird Vertrauen und Liebe die unzerstörbare Basis nicht nur einer Beziehung, sondern eines gesamten Da-Seins! Vertrauen in die Liebe ist mehr als bloß darauf zu vertrauen, dass der andere schon einem gehöre, einen nicht betrügen wird, einen nicht verletzt etc. Vertrauen ist Liebe. Liebe vertraut auch den Lügen, den Unwahrheiten und Verletzungen. Die Liebe lässt sich davon nicht beeindrucken, sie liebt einfach und ununterbrochen weiter. Kein Grund also, sich zu trennen oder zu bekämpfen, solange Du lieben kannst.

DER WAHRE ZAUBER DER LIEBE

Der wahre Zauber der Liebe liegt nicht im Verliebtsein, sondern darin, dass die Liebe alles zum Verschwinden bringt. Sie zaubert nichts herbei, sondern im Gegenteil vieles hinfort. Wo die wahre Liebe erwacht, bringt sie zum Beispiel das Ego zum Verschwinden. Das Ego, eiskalt wie gefrorenes Wasser, schmilzt in Gegenwart der Liebe mit all seinen Kümmernissen. Besitzdenken, Eifersucht und sämtliche Erwartungen lösen sich auf. Das ist wahrer Zauber. Liebe vermag Dir in Wahrheit nichts zu geben, auch wenn es so erscheinen mag. Nein, sie schmilzt alles hinfort, was ihr im Wege steht. Das, was am Ende übrig bleibt, ist die reinste Essenz. Darum geht es der Liebe. Sie will Dich, Dein Leben essenzieller machen. Die reinigende, heilige Kraft der Liebe heißt: Auflösung, Transformation. Ihr Geschenk liegt in der ihr innewohnenden Fülle und Schmelzkraft.

Ein weiteres Wunder liegt darin, dass Liebe zwar in der Einsamkeit geboren wird, in Beziehungen aufwächst und in Gemeinschaft gipfelt, am Ende aber, wenn sich alles wieder in seinen Urzustand zurückverwandelt, schwindet auch sie wieder in der ihr angeborenen Einsamkeit, in ihrer Stille. Liebe wird immer aus der Stille geboren und wird immer in Stille enden. Dazwischen aber gipfelt sie in einer Symphonie, in der sie alles Existierende mit ihrer Lebendigkeit belebt, mit ihrem Duft erfüllt und ihren Klängen umspielt. Das Leben als Feuerwerk der Liebe. Reine Magie. Jenseits davon eine Welt voller Missmut, Angst und Hass. Die Entscheidung liegt bei Dir. Letztendlich ist da kein großer Unterschied. Alles endet in der Stille, nur das Dazwischen nimmt eine vollkommen andere Qualität ein. Liebe ist die Qualität, das Leben schlechthin. Der wahre Zauberer ist also kein Magier mit besonderen Fähigkeiten, sondern ein Liebender. Gib der Liebe Raum und Du wirst zum Zauberer.

IM SCHATTEN DER LIEBE | BRUNO WÜRTENBERGER

DIE SCHEININTELLIGENZ DES VERSTANDES

MEHR SCHEIN ALS SEIN ...

Der Verstand scheint seine Fähigkeit, zusammenzählen zu können, mit Intelligenz zu verwechseln. Ganz pragmatisch gesehen, und der Verstand kann gar nichts anderes, hat er natürlich recht. Ein Apfel und ein Apfel ergeben zwei Äpfel. Aber schon bei 1 + 1 Euro wackelt die Theorie, insofern man sie eine gewisse Zeit auf ein Konto legt oder mit Zins und Zinseszins an jemand anderen verleiht. Noch deutlicher wird das bei Lebewesen. Ein Mann und eine Frau ergeben nicht selten eine mehrköpfige Familie, oder nicht? Eins und Eins ist also nicht immer und ausschließlich nur Zwei.

Der Verstand scheint nur solange intelligent und logisch, wie wir ihn aufs Mindeste begrenzen. Sobald Dein Verstand eindeutig von etwas überzeugt ist, deutet dies nicht auf Wahrheit, sondern auf Begrenztheit hin. Unser Gehirn lebt in seiner eigenen Welt. Es erschafft sich seine eigene Realität. Alles, was sich außerhalb davon befindet, wird strikt als unrealistisch, utopisch oder unlogisch ausgegrenzt. Eigentlich ist der Verstand ziemlich dumm. Andauernd versucht er daher auch all jene, welche seine Wahrheiten nicht teilen, zu deklassieren. Der Verstand kann es kaum ertragen, dass Wahrheit mehr eine Frage des Standpunktes, mehr eine Frage der entsprechenden Sichtweise und der vorherrschenden Glaubensmuster ist als eine reale Beschreibung von Wirklichkeit.

Der Verstand mag keine Widersprüche. Dem Herz sind diese egal. Der Verstand weiß nicht, wie sich Liebe anfühlt. Das Herz fühlt es ganz genau. Und weil das dem Verstand nicht passt, weil er weiß, dass er Liebe nicht kontrollieren kann, beginnt er kurzerhand so etwas wie Liebe zu imitieren. Er macht sich vor, dass er fühlen könne. Aber der Verstand kann nicht fühlen. Er kann es sich höchstens einbilden. Die Liebe kann darüber nur schmunzeln. Die wahre Liebe wird dem Verstand verschlossen bleiben.

Die Aufgabe des Verstandes ist zu denken. Fühlen ist ihm nicht gegeben. Intelligenz jedoch hat eindeutig mehr mit Fühlen als mit Denken zu tun. Um nun eins und eins zusammenzuzählen, dafür muss man nicht intelligent sein, dafür reicht es aus, gescheit zu sein. Gescheit ist nun aber wirklich jeder Verstand, der sich an etwas erinnern kann. Sich zu erinnern, fordert keine weiteren als rein rechnerische Talente. Fühlen hingegen erfordert Mut und eine große Bereitschaft, offen und verletzlich zu sein. Dies alles bleibt dem Verstand ein Mysterium. Er wird nie intelligent. Wahre Intelligenz verbirgt sich im Herzen. Erst wenn ein Herz aufbricht und seinem Licht wieder zu fließen erlaubt, wird sich Intelligenz entfalten und Weisheit ausbreiten. Weisheit ist im Gegensatz zur Gescheitheit unbegrenzt. Dies ist mit wohl auch der Grund, warum meist die gescheiten Menschen am Leben zerbrechen, nicht die ‚Dummen'.

Die Weisheit liebt die Freiheit und nur das Herz ist groß genug, auch mit der Unendlichkeit umgehen zu können. Nun, welche Welt ist also größer? Gut, und ist es nicht so, dass, je größer eine Welt ist, desto eher ist Intelligenz notwendig, um in ihr bestehen zu können? Also wäre es eigentlich logischer, dass Intelligenz im Herzen liegt, oder? Fein. Deshalb empfehle ich auch in erster Linie die Schulung des Herzens. Was der Verstand zu lernen hat, ist, dass er auch mal Pause machen kann. Es ist wichtig, den Verstand dahingehend zu schulen, dass er nicht immer und ununterbrochen denken muss. Ständig versucht er die Oberhand zu haben, alles zu dirigieren und ja nie die Kontrolle zu verlieren. Eines Tages wird dies – sofern wir ihm keinen Einhalt gebieten können – dazu führen, dass er durchdreht. Und in der Tat ist der Verstand schon längstens überdreht und es fehlt nicht mehr viel, bis er völlig übergeschnappt sein wird. Es ist also höchste Zeit! Höchste Zeit also zu lernen, was echte Meditation ist. (Siehe dazu mein Buch „Sein im Zentrum der Mitte".)

Wie Du bemerken kannst, ob Dein Herz oder Dein Verstand „liebt"

Das ist ganz einfach. Wenn der Verstand versucht zu lieben, dann ist da auch Eifersucht. Eifersucht hat jedoch nichts, aber auch gar nichts mit Liebe zu tun. Eifersucht ist reine Besitzgier. Das ist eines der deutlichsten Zeichen dafür, dass sich der Verstand weit jenseits jeglicher Intelligenz befindet. Das Herz wüsste, dass Besitz, den man für sich beansprucht, nichts mehr als Belastung ist. Das Herz will nicht besitzen, es will in Verbindung, in Kontakt und in Berührung mit anderen und dem Leben sein. Nicht mehr. Es will das Leben spüren, und zwar so, wie es ist. Frei, unkontrollierbar, augenblicklich und gegenwärtig, als ein Abenteuer, ein Wagnis, ein Erlebnis eben. Schau, wie verrückt der Verstand ist: Wenn Dein Partner sich mit anderen Menschen freut, lacht und flirtet, ja selbst wenn sie sich küssen und mehr, schau, wie glücklich sie sind. Wieso wirst Du wütend? Dein Partner genießt das Leben, ist fröhlich, will das Abenteuer Leben erleben, will mutig, neugierig und lebenslustig sein. Eigentlich solltest Du Dich mit ihm freuen! Liebe freut sich immer, wenn es dem anderen gut geht. Und Lebens-Lust hat immer auch mit Lust zu tun. Warum verteufelst Du die Lust? Warum die Freude des anderen zerstören oder sein eigenes Glück dadurch ramponieren? Wo bleibt Dein Herz, Deine Liebe? Wohin ist sie gerade entschwunden? Eben noch hast Du behauptet, dass Du Deinen Mann, Deine Frau über alles liebst? Nun, wo ist Deine Liebe auf einmal hin? Was für eine Liebe soll das sein? Eben noch hast Du beteuert, dass Du für Deine Liebe durchs Feuer gehen würdest, und jetzt? Jetzt bist Du nicht einmal mehr in der Lage, ihm oder ihr ein paar glückliche Stunden zu gönnen … Ja, Deine so genannte Liebe entpuppt sich als dermaßen unfähig, dass es Dich beinahe zum Wahnsinn treibt, nur allein zuzusehen, wie er oder sie sich amüsiert. Schon wärst Du bereit zu schimpfen, zu fluchen, zu schlagen oder gar zu töten. Ich frage Dich: Was für eine Liebe soll das sein? Plötzlich ist da nur noch Wut, Zorn, Hass und Eifersucht. Eigenartig.

Wenn Du liebst, dann liebst Du auch das Glück des andern. Wo Liebe ist, da kann weder Eifersucht noch Missgunst sein. In Wahrheit ist Eifersucht Neid. Der Neid, dass der andere etwas genießt, was Du Dir verwehrst. Das macht Dich wütend. Du würdest auch gerne Dein Leben genießen, aber Du glaubst, dass Du es nicht darfst, dass es schlecht sei. Das macht Dich wütend.

Manchmal geht es so weit, dass sich Eifersucht auf Gegenstände ausweiten kann. Plötzlich wird der Computer, an dem Du gerade arbeitest, die Zeitung, welche Du liest, die Sendung, welche Du schaust, oder das Kreuzworträtsel, welches Du löst, zum Feind. Der andere fühlt sich plötzlich ungeliebt, nur weil Du nicht Deine gesamte Aufmerksamkeit auf ihn gerichtet hast. Wilder Streit entsteht. Warum? Weil Du ein Kreuzworträtsel löst! Nun ist ein Stück Papier zur Konkurrenz geworden. Was kommt als Nächstes? Ist es nicht einfach verrückt, womit die Menschen Liebe verwechseln ... Wenn der Verstand sagt: „Ich liebe Dich", dann meint er eigentlich: „Ich will Dich besitzen!" Wenn das Herz sagt: „Ich liebe Dich", dann meint es: „Ich will mit Dir jeden Augenblick genießen, in dem Du glücklich bist. Und wenn Du es nicht bist, so werde ich alles daransetzen, Dich glücklich zu machen." Aber dazu müssen wir die Begrenzungen des Verstandes überwinden und seinem Drang, ein Recht auf Liebe haben zu wollen, widerstehen.

EIN RECHT AUF LIEBE?

DER VERSTAND FORDERT EIN ‚RECHT AUF LIEBE'

Der Verstand glaubt, ein Recht auf Liebe zu besitzen, und das will er auch auf Biegen und Brechen durchsetzen. Sobald sich ein Pärchen gefunden hat, meinen sie – gegenseitig – ein Recht auf gewisse Dinge des anderen zu haben. Sie sagen dann nicht nur: ‚Das ist meine Frau oder mein Mann, Freundin oder Freund', sondern sie meinen es auch so. Mein! Ich persönlich sehe es so, dass der Mensch, mit dem ich mein Leben teile, ein zeitbedingter Gefährte respektive eine Gefährtin ist. Zu teilen beinhaltet nicht automatisch das Recht auf ‚alles'. Es bedeutet nicht, dass man untereinander alles zu teilen hat. Jeder kann alles teilen, was er teilen möchte. Ein Müssen oder einen Anspruch auf irgendetwas gibt es nicht.

Ich verstehe schon, der Verstand will Sicherheit, aber Sicherheit ist der Tod der Liebe. Ich für meinen Teil will keine Sicherheit, keine Kontrolle und kein Recht, das mir irgendetwas garantiert. Ich will Liebe, und zwar so, dass sie auch jenes Abenteuer bleibt, welches sie in Wirklichkeit ist. Die Liebe will keine Rechte haben, sondern Rechte geben! Sobald Liebe Ansprüche zu stellen und den anderen einzuschränken beginnt, weißt Du, dass es keine Liebe ist. Es ist der Verstand, der stets mit einer Riesenangst vor Verlust umhergeht. Diese Angst führt dazu, dass man sich möglichst viele Rechte sichern will. Kein Wunder also, fühlen sich solche Partner wie in einem goldenen Käfig. Eingesperrt und unfrei. Meinst Du, das kann wirklich gutgehen? Aber weshalb bevorzugst Du dann eine solche Liebesbeziehung? Ist das nicht ein Widerspruch? Wovor hast Du Angst?

DU BIST SCHULD

Solche Beziehungen enden darin, dass sie sich gegenseitig immer häufiger und immer krassere Vorwürfe machen. Zuerst gaben sie vor: „Du bist mein Glück", dann: „Du machst mich glücklich" und zum Schluss: „Du bist schuld, dass ..." Plötzlich ist es der andere, der Schuld trägt, dass man selbst sich schlecht fühlt. Mit einem Mal ist es der andere, der dafür verantwortlich ist, wie man sich selbst fühlt. Deutlich wird, dass man irgendwann die Verantwortung für das eigene Leben, für das eigene Wohlbefinden, dem Partner auferlegt hat. Nun bestimmt man nicht mehr selbst, sondern man lässt sich bestimmen. Man lebt ein fremdbestimmtes Leben und wenn man darauf angesprochen wird, tut man so, als hätten man das auch noch freiwillig so gewollt. Man sagt dann: „Es ist halt so ..." Es ist einem nicht klar, dass man es bloß deswegen nicht ändern kann/will, weil man nicht auf die Kontrolle und vermeintlichen Vorteile des scheinbaren ‚Besitzes' verzichten will. So viel Aufmerksamkeit ist nun in Überwachung, Kontrolle in das Bewahren eigener Geheimnisse und dem Vorspielen falscher Tatsachen gebunden, bis letztlich nur noch ein Ausweg offen bleibt: sich selbst als Opfer zu sehen und auch zu fühlen.

Der Umstand, dass man sich in Liebesbeziehungen als Opfer fühlt, ist somit der beste Beweis dafür, dass man selbst für alle seine Umstände verantwortlich ist. Da hilft letztlich nur noch eins: reinen Tisch zu machen, auch wenn man damit das Risiko eines Beziehungsabbruchs in Kauf nehmen muss. Aber alles ist besser, als so weiterzumachen. So etwas endet nie gut. In der Tat gilt hier: „Lieber ein Ende mit Schrecken, als ein Schrecken ohne Ende." Wenn Du einmal solche Paare beobachtet hast (das sind die, die kaum lachen und mit versteinerten Gesichtern ins Leere blicken), dann weißt Du, dass Du das auf gar keinen Fall willst.

STÄNDIG IN KONKURRENZ

Der Verstand befindet sich ständig in Konkurrenz. Wer ist schöner als ich? Wo guckt mein Partner hin? Wer hat das schönere Auto? Wer hat die tolleren Kleider, den schöneren Schmuck, mehr Geld, den besseren Job, die größeren Brüste oder den längeren Penis? Tja, das sind also die ‚eminent wichtigen' Fragen, die nirgendwo sonst als in einem erkrankten Verstand aufkreuzen. Diese ewigen Vergleiche weisen auf ein ziemlich vermindertes Selbstbewusstsein hin. Die Menschen denken offenbar, dass sie nicht gut genug sind. Aber schlimmer noch, sie glauben, dass sich dieses Gefühl durch Kontrolle des Partners und das Setzen von Bedingungen kompensieren lässt.

Angebrachter wäre es wohl, sich einmal damit zu beschäftigen, was Liebe wirklich ist, sich zu fragen: ‚Wer bin ich? Was bin ich? Woher komme ich? Wohin gehe ich? Und: Was will ich?'. Dann würde wahrscheinlich sehr schnell klar, dass die anderen bedeutend wenig bis gar nichts damit zu tun haben, wie ich mich fühle und welche Formen der Beziehung ich lebe. Das Leben ist keine ständige Konkurrenz. Das Leben ist ein Miteinander und Lebendigkeit ist ein Genuss. Man sollte ihn mit der gesamten Schöpfung teilen. Liebe ist Lebendigkeit. Du teilst sie entweder mit allen oder mit keinem. Sie will sich verschenken und nicht bekommen, deshalb kann sie auch so großzügig sein und jedem seine Freiheit gewähren. Das ist eine Qualität des Herzens. Der Verstand kann dieser Qualität nicht das Wasser reichen

FRAGEN SIND AUSWEICHMANÖVER

Fragen sind der Versuch, der Liebe, der Freiheit und der Verantwortung auszuweichen. Dabei gibt es gar keine Fragen. Sie sind allesamt total nebensächlich. Du hast immer zwei Möglichkeiten: Du kannst nach der Liebe fragen oder in sie eintauchen. Jede Frage lässt Dir diese Option offen. Entweder suchst Du nach einer Antwort oder Du tauchst ein. Zu fragen ist eine Technik des Verstandes, um Distanz zu wahren. Der Mind (Verstand) hat Angst vor Nähe. Nähe ist immer eine Sache des Herzens, denn im Herzen ist keine Distanz möglich. Das Herz, die Liebe stellt keine Fragen. Sie ist die Antwort!

Goethe sagte: „Es irrt der Mensch, solang er strebt."

Solange der Mensch immer irgendwohin möchte, irgend-welche Antworten haben will, so lange wird er irren. Nur eine Antwort gibt es, die wirklich wahr ist: Das Schweigen. Schweigen ist die Sprache des Herzens, Stille ist die Musik der Seele und Liebe, ja Liebe ist das Gefühl des Eins-Sein.

WAHRE LIEBE FORDERT KOMPROMISSLOSES LOSLASSEN

Echte Liebe will nicht festhalten, sie will konsequent loslassen. Sie fordert nicht, wie das die meisten Partner zu tun pflegen. Sie will nicht, dass Du zu jemand anderem wirst, als Du bist, sondern dass Du voll und ganz der bist, was Du bist. Wie willst Du Dich denn sonst jemals der Liebe hingeben, wenn Du Dich Dir selbst nicht hingeben kannst? Wie soll die Liebe durch Dich wirken, wenn Du Dich selbst nicht liebst?

Wenn Du lernst, Dich selbst zu lieben, dann fällt es Dir auch leichter, die anderen so sein zu lassen, wie sie sind. Du wirst sie so lieben können, wie sie gerade sind. Liebe hilft den Menschen so zu werden, wie sie in ihrem Innersten sind. Liebe ist immer kompromisslos. Du musst ihr alles opfern, was nicht Du bist, und Dich ihr anvertrauen mit allem, was Dich ausmacht. Dann ist Liebe eine mächtige Transformationskraft. Um ihre majestätischen Flügel in Dir ausbreiten zu können, muss Du ihr Raum gewähren. Je mehr, desto besser. Am besten werfe alles über Bord, was nicht Du bist; alles, was nur angelernt, blind übernommen, aus Anstand angenommen oder aus Angst von Dir akzeptiert wurde. Ja, werde leer. Werde ganz leer, damit die Liebe sich in Dir entfalten kann.

Lasse auch das, was, und denjenigen, welchen Du liebst, los. Keine Angst, Du wirst ihn oder sie nicht verlieren. Du wirst sie/ihn erst recht gewinnen. Alle Menschen sind verkörperte Engel; sobald sie sich eingesperrt fühlen, wollen sie ausbrechen. Man darf ihnen nicht die Flügel stutzen, wenn man sie wieder sehen will. Für so ein frei geborenes Wesen, wie der Mensch eines ist, besteht die größte Qual darin, unfrei und gefangen zu sein. Wenn Du also jemanden liebst, dann liebe auch seine Freiheit! Nur so kann es Euch gelingen, Euch gemeinsam emporzuschwingen und ein Dasein in Liebe miteinander zu verbringen. Liebe ist immer ein Miteinander, kein Nebeneinander und schon gar kein Gegeneinander.

Sobald Du Liebe, in welcher Form auch immer, festzuhalten versuchst, wird sie Reißaus nehmen. Liebe ist wie ein lebendiger Fluss. Sobald man ihn am Fließen hindert, stirbt er. Wenn die Liebe im Menschen stirbt, dann verlassen ihn alle Lebensgeister, alle Lebendigkeit und Freude am Leben lösen sich in Nichts auf. Dieser Depression entspringt nicht selten die Aggression. Jetzt beginnt sich der Schatten zu formen und früher oder später wird dieser zu einer monströsen Faust heranwachsen, mit der er alle Mauern und Begrenzungen niederreißen wird. Es muss so sein.

LIEBE BRAUCHT ENTSPANNUNG

Damit die Liebe bestehen und sich ausdrücken kann, benötigt sie Deine Entspanntheit. Da ihr immer der Verstand im Weg steht, benötigt sie Deine Entspanntheit. Je besser Du darin bist, je besser Du Dich und Deinen Verstand loslassen kannst, desto mächtiger wird sich die Liebe in Dir entfalten.

Damit Du entspannt sein kannst, mache Dir klar, dass Du nichts und niemandem entsprechen musst. Sobald Du glaubst, irgendwelchen zwischenmenschlichen Anforderungen genügen zu müssen, kannst Du nicht entspannt sein. Es ist doch so, die meisten Menschen müssen sich vor den Anforderungen ihres Partners fürchten. Tun sie dieses, ist es falsch, tun sie jenes, ist es auch nicht richtig. Wer nicht weiß, ob er nun ja oder nein sagen muss, um sein Gegenüber zufriedenzustellen, der sagt am Ende zu allem einfach ‚Jein'. Man traut sich nicht mehr, für sich Stellung zu beziehen, und bald ist es völlig um ihre Ehrlichkeit geschehen. Liebe kann jedoch nur ehrlich sein. Bist Du es aber nicht, dann ist es bald auch um sie geschehen.

Entspanne Dich und sorge Dich um nichts. Alles ist gut so, wie es ist ... selbst Du!

ÖFFNE DEIN HERZ

Wie Du siehst, braucht es Deine Entspanntheit, auch und vor allem deshalb, damit Dein Herz sich wieder öffnen kann. Wenn Du entspannt bist, dann beruhigt sich Dein Denken und nach und nach kehrt Ruhe und in der Folge auch Stille in Dir ein. Sei gelöst, losgelöst vom ununterbrochenen Sturm Deiner Gedanken. Wenn Du gelöst bist, dann lösen sich viele Dinge wie von selbst. Und in dem Maße, wie sich Dein Denken beruhigt, öffnet sich Dein Herz. Denn was ist da, wenn der Verstand mal pausiert? Probiere es aus! Du wirst feststellen, sobald Du Dich vom Denken einen Moment befreist, wird sich Liebe in Dir ausbreiten. Es ist ein wunderbares Gefühl, wenn man erfährt, dass man nicht nur Gedanke, sondern vor allem auch Gefühl ist! Fühlen ist Leben, Leben ist Liebe und Liebe ist es, was Du in Wirklichkeit bist. Und das, was Du bist, findest Du am besten dann, wenn Du nichts tust, wenn Du nicht versuchst etwas zu sein. Du brauchst es auch gar nicht zu versuchen, Du bist ja schon was. Du bist, der Du bist, wow!

Das Liebenswerteste an Dir ist das, was zum Vorschein kommt, wenn Du alle Masken abgelegt hast. Wenn Du entspannst, dann fallen diese Masken von alleine. Es ist ganz leicht. Vertraue einfach Deiner Essenz. Je mehr Du ihr vertraust, desto mehr kann sie sich in Dir ausbreiten. Und wenn sie Dich ganz erfüllt hat, dann geschieht es, dann leuchtet sie aus Dir heraus. Sie breitet sich durch und über Dich hinaus aus. Eine wundervolle und berührende Aura wird Dich dann umgeben und obwohl Du nichts Besonderes geleistet haben wirst, werden die Menschen etwas Besonderes in Dir sehen. Sie werden das, was Dich durchdringt und umgibt, wahrnehmen können. Sie werden fühlen, dass Du irgendwie anders bist. Einige werden sagen, Du wärst so entspannt, andere, Du seist so einfühlsam, und wieder andere halten Dich für einen Heiligen oder einen Meister/in.

Ab sofort wird alleine schon Deine Gegenwart in den Menschen Wunder vollbringen. Sie werden mit Deiner alles durchdringenden Essenz in Resonanz kommen und ihr eigenes Inneres beginnt zu erwachen. Du brauchst dafür nichts zu tun, nichts zu entsprechen und keinen Anforderungen gerecht zu werden. Du kannst so sein, wie Du bist. Bewusstwerdung und Heilung werden geschehen. Sie geschehen durch Dich! Nicht Du tust es, nicht Du heilst, nicht Du erleuchtest, sondern es geschieht durch Dich. Das Einzige, was Du tun musst, ist, es geschehen zu lassen. Erlaube einfach, dass es geschieht. Entspanne Dich und gewähre der Liebe in Dir den größtmöglichen Raum.

Auch mein Firmenname, Free´ Spirit, kommt nicht von ungefähr. FreeSpirit bezeichnet einen Menschen, der viel freien Raum erschafft, in dem sich die Essenz, in dem sich seine Liebe auszubreiten beginnt. Es geht wirklich nur darum, Raum zu schaffen. Da wir gegenwärtig den meisten Raum mit Denken nutzen, werden wir auch genau an dieser Stelle die höchste Effizienz erleben und Großes bewirken können. Einfacher gesagt: Je weniger wir denken, desto mehr Fühlen wird sein. Und je mehr wir fühlen, desto entspannter werden wir. Und je entspannter und gelöster wir sind, desto leichter lösen sich unsere Masken. Wie im Herbst die Blätter von den Bäumen fallen, so einfach werden auch Deine Masken von Dir abfallen. Dann wird Stille sein. Dann wirst Du zur Offenbarung selbst werden und Deine Gegenwart zur Offenbarung für die Menschen. Ich lade Dich also zu nichts weiterem ein, als Dich zu offenbaren! Offenbare Dich, indem Du Dich so zeigst, wie Du bist, so, wie Du wirklich bist.

EIFERSUCHT

Eifersucht ist letztlich die Angst davor, sich selbst zu verlieren.

Entgegen der allgemeinen Ansicht, dass Eifersucht etwas mit dem anderen zu tun hat und mit der Angst, den anderen zu verlieren, sage ich: Es geht darum, dass man Angst davor hat, sich selbst zu verlieren. Aber was bist Du? Du bist Liebe. Wenn Dich aber die Eifersucht schon eingeholt hat, dann macht es keinen Sinn, sich vor dem Verlust seiner selbst zu fürchten, denn Du hast Dich bereits verloren.

Einen anderen Menschen kann man nicht verlieren. Das ist unmöglich! Warum? Weil Du ihn niemals besessen hast. Du kannst höchstens besessen von ihm sein. Und wenn Du Liebe bist, dann ist auch der andere Liebe. Der Eifersucht entkommst Du daher nicht, indem Du sie negativ bewertest und zu bekämpfen versuchst. Der Eifersucht entkommst Du dadurch, dass Du sie in Liebe eintauchst!

Liebe hat nichts mit der Zukunft zu tun, nicht einmal mit morgen. Liebe ist gegenwärtig und in der Gegenwart kann es keine Verlustangst geben. Konzentriere Dich darauf, Dich selbst zu finden und in Dich selbst hineinzutauchen. Dann tauchst Du in die Liebe ein.

Die Liebe wünscht sich, dass der oder die Geliebte glücklich ist. Sie kümmert sich nicht um das „Wie". Wenn Du Deinen Liebsten oder Deine Liebste wirklich liebst, dann ist Deiner Liebe nichts wichtiger, als dass er/sie glücklich ist. Liebe ist bedingungslos. Sie verlangt nicht, dass der andere allein von mir glücklich gemacht werden darf. Jeder, der meinen Liebsten zu einem Moment des Glücklichseins verhilft, ist ein Freund. Wenn Deine Frau oder Dein Mann also mit einem anderen Mann oder einer anderen Frau glückliche Momente genießt, auch sexuelle, dann freut sich die wahre Liebe.

EIFERSUCHT IST DIE ANGST VOR MORGEN

Eifersucht basiert einzig und allein auf der Zukunft. Die Liebe aber denkt nicht an morgen. Für sie ist jeder Augenblick heilig, ein Freudenfest. Sie ist dermaßen mit dem Augenblick verschmolzen, gibt sich dermaßen dem hin, was sie liebt, dass sie unmöglich an den nächsten Augenblick zu denken vermag. Verstehst Du, wie ich das meine? Deshalb ist diese wahre Liebe ‚nicht von dieser Welt'.

Wenn Du Deine Frau oder Deinen Mann nicht verlieren willst, dann solltest Du Dir klarmachen, dass Eifersucht sie nicht bei Dir halten kann. Das schafft nur die Liebe. Eifersucht vertreibt die Menschen, Liebe zieht sie an. Selbst wenn Deine Geliebte, Dein Geliebter sich mit einem anderen vergnügt, so wird sie/er immer wieder zurückkehren, sofern sie/er bei Dir Liebe erfährt. Liebe erlaubt Genuss, Liebe erlaubt Glücklichsein bedingungslos. Liebe kennt keinerlei Angst. Liebe liebt, that's it. Wenn Du eine Garantie für Liebe suchst, dann findest Du sie nur in der Liebe. Nicht in der Angst und auch nicht in der Eifersucht. Eifersucht ist der Wunsch, geliebt werden zu wollen, oder eben die Angst, nicht geliebt zu sein. Sie führt unweigerlich zum Verlust.

Wenn Du jemanden liebst, ganz egal ob Deinen Partner oder Dein Kind, so kommt es der Liebe nicht drauf an, mit wem diese glücklich sind. Die Liebe möchte nur, dass sie glücklich sind, egal mit wem. Hauptsache glücklich. Alles andere ist nicht Liebe, höchstens Verliebtheit, oder später dann: Angst.

Ich sage Dir nun etwas sehr Zentrales, etwas Lebenswichtiges: Es gibt kein Leben außerhalb der Liebe! Klar, Du lebst, aber wenn Du nicht liebst, lebst Du nur halb. Liebe ist Herz, alles andere ist halbherzig.

EIFERSUCHT IST SCHATTEN, LIEBE IST LICHT

Immer und überall kämpfen die Menschen gegen die Macht der Finsternis: Erfolglos. Sie bemerken gar nicht, dass sie die Dunkelheit durch ihren Kampf noch stärken. Vielleicht wähnen sie sich, wie ich mich früher selbst, als Lichtarbeiter. Unbewusst wirken sie aber eher als Handlanger der Finsternis. Doch keine Angst, es gibt eine Lösung: Erwecke Dein Licht! Lass Deine Liebe wieder auferstehen und erleuchte Du selbst die Dunkelheit! Warte nicht auf Erleuchtung, warte nicht auf Liebe; sei die Erleuchtung, sei die Liebe, sei Du selbst!

EIFERSUCHT IST ALLES ANDERE ALS DU SELBST!

Du wirst zu dem, womit Du Dich beschäftigst. Beschäftige Dich daher besser und wenn möglich in jedem Augenblick Deines kostbaren Lebens mit der wahren Liebe. Nicht mit Eifersucht. Sonst wirst Du zu ihr und wirst Dich alsbald von Dir selbst abgestoßen fühlen. Eifersüchtige Menschen kranken in erster Linie an mangelnder Selbstliebe. Und wer sich selbst nicht liebt, der kann auch andere nicht lieben. Nicht wirklich lieben. Wenn Du also lieben lernen willst, beginne bei Dir selbst. Liebe Dich.

EIFERSUCHT IST THERAPIERESISTENT

Eifersucht lässt sich nicht kurieren. In einer Therapie kann man zwar analysieren und ergründen, darüber nachdenken und schlussfolgern, aber das heilt sie nicht. Eine Therapie verhilft lediglich dazu, sie besser verdrängen zu können, oder bestenfalls, sie in den Griff zu bekommen. Aber wie willst Du etwas ablegen, wenn Du es im Griff hast? Falls Du die Free Spirit-Integrations-Methode nicht kennst, rate ich Dir, dass Du die bewährte ‚Wie-werde-Ich-die-Blumen-los-Methode' anwendest. Was, Du kennst sie nicht? Ganz einfach: Du gibst ihnen einfach kein Wasser mehr. So werden sie ganz von alleine verkümmern. Verstehst Du diese Metapher? Nähre Deine Eifersucht nicht durch Deinen Widerstand. Richte einfach Deine gesamte Aufmerksamkeit auf die Liebe. Nun ist es nur noch eine Frage der Zeit, bis die Eifersucht vertrocknet und in sich zusammenfällt. Auf der anderen Seite wird zeitgleich Deine Liebe um ein großes Stück gewachsen sein. Das ist doch eine wunderbare Methode, oder nicht? Und so einfach ...

Merke: Auch wenn das Problem in seinen Auswirkungen riesig zu sein scheint, die Lösung muss deswegen nicht gezwungenermaßen auch schwierig sein. Im Gegenteil. Meist ist es sogar so, dass je größer das Problem, desto leichter die Lösung. Schon bald erblüht Dein Leben in neuem Glanz und verbreitet den wundervollen Duft der Liebe. Einer Liebe übrigens, von der Du vermutlich keine Ahnung hast. Zumindest so lange nicht, wie Du noch Eifersucht in Dir trägst.

Eifersucht ist auch das Gefühl, dass man zu kurz kommen könnte. Eifersüchtige Menschen haben immer das Gefühl, dass sie zu kurz kommen oder dass man ihnen etwas wegnehmen könnte. Sie leben in ständiger Angst und befürchten, andere könnten besser, schöner, reicher oder erfolgreicher sein als sie selbst. Kurz: Eifersüchtig zu leben, ist eine Qual. Immer wird es einen reicheren, schöneren oder erfolgreicheren Menschen geben. Wenn Du zuoberst stehen willst, dann wirst Du vermutlich ganz unten landen. Selbst die Flamme einer Kerze wird erlöschen, wenn sie zu viel Sauerstoff, den sie zum Brennen benötigt, abbekommt. Auch mit Gold kann man sich erdrücken und selbst Schönheit kann zum Fluch werden. Sei, wie Du bist. Sobald Du Dein Licht über oder unter den Scheffel stellst, gereicht nichts mehr zum Guten. Das Ziel ist nicht, etwas zu werden oder zu bekommen, was Du nicht schon besitzt oder von dem Du glaubst, dass Du es haben oder sein müsstest. Es kommt nur darauf an, alles das, was Dir gegeben ist, zur Entfaltung zu bringen. Wenn Du Dich auf diesen Pfad begibst, wirst Du nicht schlecht staunen, was Dir dadurch alles möglich wird. In der Liebe, in Deiner Liebe ist wahrhaft alles enthalten, was Du brauchst und was Du bist.

Deshalb sage ich, dass dieser Welt Liebe fehlt. Es mangelt weder an Wohlstand, Gütern, Nahrung, Vergnügen oder Schönheit, sondern lediglich an Liebe. Die Welt bedarf nicht noch mehr Eifersucht und Angst, sondern wahrer, echter Liebe. Am besten in seiner höchsten Potenz. Und weißt Du, wie diese Liebe aussieht? Nicht? Dann schlage ich Dir vor, lege dieses Buch für einen Moment zur Seite und schaue den Spiegel. Das, was Du dort siehst, ist Liebe in seiner höchsten Potenz. Also, gib auf. Blicke ununterbrochen auf die Liebe und Du wirst sie in Dir selbst entfalten. Blickst Du hingegen auf die Eifersucht, wirst Du tot sein, lange bevor Du gestorben bist.

Und jetzt?

Jetzt entscheide, wie Du leben willst.

WAS ICH AN DER EIFERSUCHT NICHT VERSTEHE

Was ich an der Eifersucht nicht verstehe, ist: woher sie kommt. Ja, wo kommt Eifersucht eigentlich her? Wie kommt es, dass so viele Menschen eifersüchtig sind? Wieso war ich selbst früher eifersüchtig? Heute, da ich mir solche Fragen stelle, habe ich keine Ahnung, woher sie kommt und weshalb man sie für sich übernimmt. Es ist ja kein Muss, eifersüchtig zu sein, nur weil jemand anderes schöner, reicher, stärker oder talentierter ist als ich. Heute scheint mir das völlig fremd. Was ist denn so schlimm daran, wenn ich nicht der Schönste, Reichste, Beste und Talentierteste bin? Möglicherweise ist es bloß eine Sucht. Eine Sucht nach Eifer.

Der Mensch verfügt über ein unglaubliches Potenzial an Energie. Diese Energie drängt danach, genutzt zu werden. Wird sie genutzt, dann setzt der Körper Adrenalin frei. Solch ein Adrenalinschub wiederum verleiht nochmals eine ungeahnte, unbändige Kraft. So stark und energetisiert zu sein, ist natürlich eine schöne Sache. Aber eben, diese Energie will gebändigt werden. Sie ist wie ein Feuer. Wird dieses Feuer nicht weise kanalisiert, so verbrennt es einfach alles, was in seine Nähe kommt.

Oh wie gut, wenn Eifer-Sucht also bloß eine Sucht ist. Ist man lediglich süchtig, dann kann man sich auch wieder entwöhnen. Oft scheint Eifersucht nur die einzige Variante zu sein, die uns in den Sinn kommt, um diese gewaltige Feuerkraft in unserem Körper zu bändigen, die zu explodieren droht, sollte es nicht gelingen, ihr ein Ventil zu geben. Wenn man das nicht bewusst tut, dann reagiert sich das Feuer ungestüm und zerstörerisch ab. Aber grundsätzlich ist es ja erst mal nicht schlecht. Dieses Feuer ist nur unglaublich stark. Man kann es sich bewusst und gezielt, man kann es sich kreativ zunutze machen. Das ist die Lösung.

Energie ist Feuer und Feuer ist Leben. Wenn Du es verschwendest oder unkontrolliert, zerstörerisch agieren lässt, verschwendest Du Leben. Dein Leben.

Vielleicht glaubst Du auch, Eifersucht sei ganz normal, aber dem ist nicht so. Eifersucht ist krank. Genau so krank wie der Glaube, dass Dir irgendetwas oder -jemand gehört. Wir haben allesamt alles lediglich ausgeliehen bekommen. Wir dürfen es genießen, solange es bei uns ist, und wenn es wieder geht, so müssen wir es ziehen lassen. In dieser Art erhalten wir den natürlichen Fluss des Lebens, den Fluss des Kommens und Gehens aufrecht. So ist Dein Leben entspannt, viel entspannter zumindest, als Du es mit irgendeiner Meditationstechnik erreichen könntest.

FREIHEIT

LIEBE IST EIN KIND DER FREIHEIT

Oft vergessen wir, dass Liebe ein Kind der Freiheit ist. Ebenfalls vergessen wir, dass Freiheit keine Kompromisse kennt. Gewisse Dinge sind nun mal exklusiv. Liebe, Gott, Vertrauen, Ehrlichkeit oder Schwangersein gehören wie auch die Freiheit definitiv dazu. Du kannst nicht ein wenig schwanger sein oder nur ein wenig fei. Entweder bist Du es oder Du bist es nicht.

Nun wird aber Freiheit oft falsch verstanden. Freiheit bedeutet nicht egoistisch zu werden, bedeutet nicht nur noch zu machen, was man will. Freiheit bedeutet, dass Du erkennst, dass Du Schöpfer bist und dass Du die Verantwortung (nicht die Schuld) für alles trägst. Die Verantwortung für alles, was Du in Deinem Leben erfährst und wie Du mit anderen umgehst. Frei-Sein heißt: selbst zu entscheiden. Verliebte sind daher leicht als unfrei zu erkennen. In dieser Phase entscheidet keiner von beiden wirklich frei. Vielmehr ist man Sklave der eigenen Hormone. Liebe ist aber keine hormonelle Angelegenheit, sie ist eine Angelegenheit des Herzens, der Seele und des Geistes. Liebe zu erfahren bedeutet: den Geist strömen zu lassen. Verliebtheit und Egoismus bleiben an der Oberfläche. Liebe und Freiheit steigen aus dem tiefsten Inneren Deines Wesens empor. Hast Du das einmal erlebt, wirst Du nie mehr in Dein „altes" Leben zurückwollen.

Wahre Liebe, wahre Freiheit lässt Dich alles frei entscheiden, was Dir selbst keinerlei Vorteil bringt. Daran erkennst Du wahre Liebe und Freiheit. Nicht um andere zu beurteilen, das tut Liebe nicht, sondern um zu erkennen, wo man selbst steht. Liebe und Freiheit wollen andere frei machen. Liebe im Speziellen will sich mit anderen teilen und die eigene innere Freiheit sich ausdehnen. Liebe will nicht andere binden, von sich abhängig machen oder zu irgendetwas verpflichten. Selbst wenn der andere sich nicht traut, den Schritt in die Freiheit zu tun oder Liebe bedingungslos zu leben, so gibt es dennoch keine Kompromisse. Entweder wechselt die Liebe gänzlich ihren Standpunkt oder die Freiheit nimmt sich die Freiheit, unfrei zu sein. Das ist dennoch kein Kompromiss.

Nachdem eine Entscheidung getroffen wurde, wird Liebe und Freiheit niemals so etwas wie Verzicht spüren. Es ist niemals ein Verzicht, wenn man sich total entschieden hat. Das garantiert, dass zukünftig keine Vorwürfe aufkommen werden. Es käme auch niemals so etwas wie: „Wegen Dir habe ich …". Liebe kennt ohnehin keine Vorwürfe, genauso wenig, wie Freiheit Begrenzung kennt. So ist die Liebe immer auch schon ein Kind der Freiheit gewesen, gleichwohl Freiheit ein Kind der Liebe.

Nur die Liebe besitzt eine solche Größe, sich der Freiheit ganz hinzugeben. Sie nimmt Freiheit nicht alleine für sich selbst in Anspruch, sie gewährt diese auch allen und allem anderen. In jeder Hinsicht. Alles andere wurzelt in Ängsten. Verlange Treue und sie wird gebrochen, verlange Ehrlichkeit und Du wirst belogen, verlange Vertrauen und Du erntest Misstrauen. Verlangst Du jedoch nichts, dann kann auch nichts gebrochen werden. Umgekehrt ist dies natürlich der gleiche Fall: Nur wer alles gibt, wird auch alles bekommen. Nicht, dass jetzt keiner mehr lügen würde, doch; wenn Du keine Ehrlichkeit verlangst, dann schmerzt es Dich auch nicht, wenn Dich einer belügt. Du weißt, dass es nicht persönlich ist. Niemand wird es deinetwegen getan haben.

Sobald Du Sicherheit zu fordern beginnst, wirst Du auch Unsicherheit leben. Lerne also damit zu leben, keine Sicherheit zu verlangen und auch keine zu gewähren. Denn Du kannst keine Sicherheit geben. Das Leben und die Liebe sind nicht ‚sicher', niemals. Das ist die einzige Sicherheit, die es gibt. Sonst könntest Du auch gleich vom Leben verlangen, dass es stillstehen solle. Das geht nicht. Leben ist immer im Fluss, immer in Veränderung, immer im Werden begriffen. Das kannst Du nicht ändern, selbst wenn Du noch so liebst, es geht nicht. Das nenne ich: absolut. Nicht, weil es eine Begrenzung wäre, sondern weil es das Prinzip des Lebens selbst verkörpert. Alles, was ein Lebensprinzip verkörpert, ist absolut. Alles andere ist begrenzt. Liebe ist absolut, der Hass ist begrenzt. Vertrauen ist absolut, die Angst ist begrenzt. Wahrheit ist absolut, die Lüge ist begrenzt. Leben ist absolut, der Tod ist begrenzt.

Verwechsle das nicht! Es geht nicht darum, was richtig und was falsch ist, sondern darum, was Dich frei lässt und was nicht. Denn nur in Freiheit kann die Liebe existieren und nur in Liebe kann man das Leben erfahren. Zudem ist diese Perspektive eine Garantie dafür, dass eine Beziehung – zu wem auch immer – beständig wird. Es hat schon seine Gründe, dass man eher und öfters den Lebenspartner wechselt als seine guten Freunde. Von Freunden erwartet man weniger, schränkt sie weniger ein und für ihr Leben fühlt man sich nicht verantwortlich. Möglicherweise wären menschliche Beziehungen um einiges schöner, lebhafter und harmonischer, wenn man nicht so viel oder am besten gar nichts voneinander fordern würde. Man könnte sich viel mehr über die Kleinigkeiten freuen, die uns der anderen schenkt. Nichts wäre mehr selbstverständlich, weil man mit nichts mehr rechnet. Und wer nicht rechnet, der hat auch nie ein Minus unter seiner Rechnung stehen. Gut, er hat auch nie ein herkömmliches Plusergebnis, aber er hat das, was alle anderen nicht haben: den Himmel auf Erden. Nun rechne Dir selber aus, welche ‚Mathematik' für Dich die vorteilhafteste ist. Denke einfach an Folgendes: Wenn Du in menschlichen Dingen ein Plus erwirtschaften willst, so erntest Du gleichermaßen auch ein Minus. Sobald Du zu rechnen anfängst, rechnest Du so lange, bis Du wieder bei ‚null' angekommen bist.

Somit haben wir ein weiteres Lebensprinzip entdeckt: Du wirst mit leeren Händen geboren und Du wirst diese Welt auch mit leeren Händen wieder verlassen. Daran ist nichts Schlechtes. Es ist, wie es ist. Und Du bist, wie Du bist. Und der andere auch. Das darf ruhig so bleiben und Du kannst unzweifelhaft auf die Vollkommenheit der Schöpfung vertrauen. Alles ist Liebe, wenn es so sein darf, wie es ist.

SEHNSUCHT

DIE INTENSIVSTE FORM DER LIEBE IST: SEHNSUCHT

Immer wieder wird die Schönheit und Intensität der Sehnsucht vergessen. Kaum finden sich zwei, die sich als freie Menschen begegnen, haben sie nichts weiter im Sinn, als jeden Augenblick gemeinsam zu verbringen und aneinanderzukleben. Sie würden am liebsten gänzlich in den anderen hineinschlüpfen, um immer und überall mit dabei zu sein. Das ist für Verliebte die Normalität. Aber es ist krank. Was sie damit tun, ist: Sie töten die Liebe. Ja, sie opfern die ursprüngliche Liebe und Freiheit, die sie letztlich zueinander geführt hat, dem schwindenden Hauch der Verliebtheit. Das ist sehr töricht. Verliebtheit hält meistens für maximal acht oder neun Monate, dann verschwinden alle Hormone wieder und was übrig bleibt, ist ein bloßer Schatten der anfänglich so heiß glühenden Liebe.

In dieser kurzen Zeit hat man es geschafft, so enge Bande zu knüpfen, dass mindestens einem die Luft zum Atmen wegblieb. Fortan wird diese Beziehung zu einem reinen „Wiederbefreiungsprojekt". Der Kampf um Wiederbelebung wird erst dann zu Ende sein, wenn es wieder auseinandergeht. Manchmal erst viele Jahre später. Das nennt man dann ganz romantisch: einen Rosenkrieg. Schon komisch, oder nicht? Zuerst verspricht man sich den Himmel auf Erden, dann ist man aber nicht einmal in der Lage, dem anderen die nötige Luft zu lassen, die er braucht, um zu überleben und sich zu entfalten. Das ist der Schatten, der fällt, wenn Liebe zu strahlen beginnt.

Kennst Du Sehnsucht? Weißt Du, wie es ist, Dich in der Sehnsucht nach jemandem zu verzehren? Das ist Liebe. Liebe braucht Raum, braucht Distanz, braucht viel Luft dazwischen, ansonsten kann sie nicht bestehen. Liebe braucht Luft zum Atmen. In einer Liebesbeziehung gibt es Zeiten der Nähe und Zeiten der Distanz, Zeiten des engen Beisammenseins und Zeiten des Getrenntseins, dabei kann das Getrennt-Sein in seiner Qualität an Erfahrung der Liebe um ein Vielfaches intensiver sein als das Zusammensein. Das kennst Du bestimmt, oder? Sehnsucht ist wundervoll. Sie ist wundervoller als das zu konkret zu leben, wonach man sich sehnt. Man kann es besser, leichter und intensiver fühlen, als wenn es da ist. Das Zusammensein kommt dann der Entspannung gleich. Dann ist es einfach nur. Eigentlich sollte es so immer sein, so, dass man immer wieder mal ein paar Stunden oder Tage zusammen sein darf, nicht umgekehrt. Das sollte die Regel sein.

Lässt Du die Sehnsucht nicht sterben, lebt die Liebe ewig!

Deshalb achte darauf, dass es immer wieder genügend

Raum zwischen Euch gibt. Bleibt frei! Erfüllt Euch nie alle Wünsche, achtet auf das richtige Maß an Distanz. Bleibt in der Sehnsucht. Das Schöne an der Sehnsucht ist, dass sie nie Sicherheit bieten wird. Sie beinhaltet immer ein großes Maß an Unsicherheit und das ist gut so. Unsicherheit ist wie die Luft zum Atmen, die Grundvoraussetzung dafür, dass Liebe nicht zur Gewohnheit werden kann. Ist das Zusammensein erst mal zur Gewohnheit geworden, so verliert sich die Liebe und erstickt vor lauter trauter Zweisamkeit. Im Schatten der Liebe findet sich also nicht die Unsicherheit, denn die gehört zum Licht, gehört zum Leben, ist die Liebe selbst, sondern im Schatten der Liebe findet sich die Sicherheit. Es ist nicht leicht, das zu verstehen, ich weiß. Aber beobachte es doch mal.

Alle Beziehungen laufen mehr oder weniger nach demselben Schema ab und enden meist am gleichen Punkt. Entweder man trennt sich streitend oder man arrangiert sich. Lieben heißt teilen. Und das Wichtigste, das es zu teilen gilt, ist Freiheit, Raum und Vertrauen. Nicht, dass Du Deine Liebe einschränken solltest, nur um dem anderen gerecht zu werden, nein, Du sollst lieben aus ganzem Herzen, um dem anderen zu mehr davon zu verhelfen. Das ist Liebe. Hilf Deinem Geliebten, Deiner Geliebten, frei zu sein, und es besteht niemals Bedarf an mehr Freiheit, Vertrauen oder Luft zum Atmen. Wenn Du wirklich liebst, dann sei also weise, nicht bloß verliebt, sonst sind die Tage des Glücks gezählt.

Liebe ist eine Kunst, eine Fertigkeit, die durch fehlende Bewusstheit geschändet und ruiniert wird.

Liebe ist wie eine zarte, kraftvolle Blume. Sie muss sorgfältig gepflegt und behandelt werden. Man muss sie genau kennen, um richtig mit ihr umzugehen. Das ist wichtig, sonst verwandelt sie sich in Hass. Auch Hass ist – wie die Liebe selbst – mächtig. Wenn man dort einmal angekommen ist, so muss man es genauso auch verstehen lernen, mit Hass umzugehen. Dann erst ließe sich auch der Hass wieder in Liebe wandeln. Bevor Du jedoch fähig wirst, mit Hass umzugehen, musst Du die Liebe verstehen, sie angemessen und ökonomisch handhaben lernen. Das ist die Grundlage. Wenn Du diese meisterst, wirst Du auch mit schattigen Energien klarkommen. Denn Liebe kommt mit allem klar. Und wie macht sie das?

Sie liebt einfach. Sie fragt nicht, ob dies oder jenes, dieser oder jener ihrer wert sei, sondern sie liebt einfach, alles, grundlos. Liebe bewertet, begrenzt und interpretiert nicht. Liebe geht auf in sich selbst, in ihrem ursprünglichen Wesen. Sie sucht keine Antworten und hat keine Fragen. Liebe ist einfach.

WAS LIEBE WIRKLICH SUCHT

Wer echte Liebe schon einmal erfahren hat, der weiß, dass Liebe nicht danach sucht, geliebt zu werden, sondern einfach selbst zu lieben. Dies ist auch der Grund, weshalb Liebe niemals sterben wird. Sie verbreitet sich wie eine Krankheit, wie ein Virus. Egal wen Du liebst und egal wie lange Du liebst, sie liebt Dich immer und immer wieder zurück. Wenn zwei sich lieben und die Liebe endet, so endet sie immer zuerst bei einem. Der andere liebt meist weiter. Bis der andere aufhört zu lieben, hat dieser schon jemand anderen gefunden, den er lieben kann. Und so weiter ... Liebe endet niemals wirklich. Finden ausnahmsweise beide einmal niemanden zum Lieben und endet sie bei beiden gleichzeitig, so bleibt dennoch die Liebe nach der Liebe erhalten. Würde diese Kettenreaktion der Liebe ausbleiben, so wäre ja plötzlich die Liebe nicht mehr vorhanden – das ist noch nie geschehen. Seit Menschheitsgedenken nicht.

Geliebt zu werden ist die einzig wirkliche Entschädigung für die Mühsal des Alltags. Kein Geldbetrag könnte das Leben besser entlohnen als die Liebe. Um geliebt zu werden, sind Menschen mehr als für alles andere bereit, auch alles zu tun. Für Geld würde man vieles nicht tun, was man für die Liebe bereit ist zu tun. Geldmangel bringt die Menschen dazu, sich gegenseitig umzubringen oder ein Leben in totaler Versklavung zu ertragen. Für die Liebe hat sich noch nie jemand umgebracht – wegen der Liebe hingegen schon.

Egoistische Liebe ist tatsächlich nicht mehr wert als

Geld. Selbstlose Liebe ist hingegen mit keinem Geld der Welt aufzuwiegen. Sie stellt einen unermesslichen Reichtum dar. Solange Du also lieben kannst, solltest Du Dir dieses unermesslichen Reichtums bewusst sein, den Du da in Dir trägst. Liebe ist Dein wahres Potenzial! Lebst Du in diesem Überfluss Deiner Liebe, so wird es Dir niemals und an nichts mangeln. Liebe führt immer zu Reichtum. Reichtum und Fülle ist Liebe. Es gilt einzig, zwischen echter und unechter Liebe zu unterscheiden.

Die unechte Liebe will widergeliebt werden. Wie Du ja schon weißt, ist das Ego auch hier am Werk. Das Ego will bekommen, was es will. Wenn es nicht bekommt, was es will, dann versucht das Ego es mit Zwang. Dein Selbst jedoch, welches gar nichts anderes kann, als zu lieben, stellt sich selbst einfach in den Dienst des Nächsten und verschenkt sich. Vollkommen. Liebe in diesem Sinne heißt: sich zu verzehren. Nicht um etwas zu bekommen, sondern um etwas zu geben. Das ist echtes Teilen. Das Ego hingegen teilt nicht, es spaltet vielmehr. Durch Spaltung entsteht Berechnung, durch Berechnung entsteht Vorteilsdenken und durch Vorteilsdenken entsteht Mangel und Mangelgefühle zerstören die Liebe. Das nennt man dann: Egoismus. Ein Teufelskreis, wie Du siehst, der ab und an in physischem oder aber mit Sicherheit in seelischem Selbstmord endet. Nur wer nicht liebt, ist aber eh schon tot. Nur wer liebt, der lebt auch. Das ist die Wahrheit. Das war und ist die wichtigste Aussage aller spirituellen Lehren. Der Tod ist in spirituellen Zusammenhängen immer in diesem übertragenen Sinn gemeint. Der körperliche Tod bedeutet nichts, nur die Seele zählt, nur der Geist ist unsterblich und nur die Liebe ist von ewigem Bestand.

Liebe meint immer Leben. Die Mystiker wissen und wussten das schon immer. So haben sie sich auch immer schon um die Liebe nicht zu einzelnen Menschen, sondern immer in Bezug auf die gesamte Menschheit und Existenz bemüht. Wahre Liebe lässt sich nicht auf einen einzelnen Menschen begrenzen! Sie ist wie die Luft. Auch die Luft wird ja nicht nur exklusiv von einem einzelnen Menschen eingeatmet, sondern immer von allen. Luft ist somit eine weitere, hervorragende Metapher für Liebe. Ohne sie gibt es kein Leben, ohne sie kann man nicht lebendig sein. Auch die Luft ist unbegrenzt .

Wenn ich also sage: „Sei unbegrenzt oder löse Dich von Deinen Begrenzungen", dann meine ich: Liebe! Liebe aus ganzem Herzen. Liebe mit Deinem ganzen Wesen. Erweitere Deine Liebe. Lass sie sich in Dir entfalten. Weite sie über Deine Grenzen hinaus aus. Werde zur Liebe selbst. Sei die Liebe und liebe alles, was Dir über den Weg läuft!

Liebe unterscheidet nicht zwischen Gut und Böse, zwischen jenen, welche sie verdienen, und denen, die sie scheinbar nicht verdient haben. Liebe liebt alles. Bedingungs- und unterschiedslos. Sie kann das auch. Ihr geht es ja nicht ums Bekommen, sondern ums Geben. Solange Liebe noch unterscheidet, ist sie egoistisch und demnach auch nicht wahrhaftig. Dann ist sie nur ein Schatten. Ein Schatten dessen, was sie eigentlich sein könnte. Wahre

Liebe aber ist Licht. Wahre Liebe ist Heilung. Wahre Liebe ist Leben. Und somit dürfte nun glasklar sein, dass Gott und Liebe Synonyme sind. Wenn Du Gott suchst, dann liebe und Du wirst ihn finden!

Gibst Du Dich jedoch dem Schatten hin und versuchst Gott in diesem zu finden, so wirst Du am Ende vom Leben dermaßen enttäuscht sein, dass Du Gott wahrscheinlich sogar hassen wirst. Du wirst Liebe als solches nicht erkennen. Du hast sie nie wirklich kennengelernt. Zu lange schon hast Du sie nicht mehr gesehen und wahrscheinlich selbst dann, wenn sie mit offenen Armen direkt auf Dich zustürmen würde, Du würdest sie von Dir weisen. Du wärst nicht mehr in der Lage, sie anzunehmen, sie zu genießen, sie weiter fließen zu lassen. Du wärst wie ein Stausee, in dem selbst das reinste Bergquellwasser bald schon zu einer stinkenden Kloake verkommen würde. Am Ende wärst Du wohl eher so etwas wie eine außer Betrieb gesetzte Kläranlage. Dann wäre es höchste Zeit für eine Reinigung. Aber das würde wohl nicht für ein paar Einzelfälle gelten. Die ganze Menschheit müsste dringend einmal gereinigt werden. Was in dieser Welt gerade geschieht, stinkt mächtig. Mystiker wissen auch das schon immer: Auch das Wort Reinigung ist ein Synonym für Liebe und Leben. Reinigung hat nichts mit Sünden im allgemein verbreiteten kirchlichen Sinne zu tun. Mit Reinigung ist nichts Böses oder Schlechtes gemeint. Das war es noch nie. Es war immer schon die verlebendigende Reinigung der Liebe gemeint. Nur sie allein vermag es, den Menschen von Grund auf zu klären! Jeder Augenblick, in dem

Du liebst, reinigt Dich folglich. Somit ist rein, wer liebt.

Also merke:

Wäre Liebe eine Währung, würde es keine Armut geben, denn sie ist wie ein Virus, von dem sich jeder anstecken lassen will. Sie sucht nie danach, zurückgeliebt zu werden. Sie will nur eines: lieben.

Liebe ist Licht, ist Klarheit und sie strahlt in jedem. Somit kann sie aber auch in jedem Leben Schatten werfen. Befindet man sich auf der Schattenseite der Liebe, so ist immer alles ichbezogen, manchmal ganz offen, ein anderes Mal eher versteckt. Prüfe daher, auf welcher Seite Du stehst. Denn gerade in der Dämmerzone, so zwischen Licht und Schatten, sind die Methoden, mit denen man die eigenen, egoistischen Versuche verschleiert, seine Bedürfnisse zu befrieden, oft sehr fein. Die einzige ichbezogene Freude auf der Seite des Lichts ist die reine Freude daran, den anderen mit seiner Liebe beschenken zu können. Im Licht selbst stehend, ist es irrelevant, ob die anderen einem noch mehr Licht geben oder nicht. Einzig relevant ist, dass sie nehmen, so viel wie möglich! Liebe fürchtet sich nicht, zu kurz zu kommen. Ihr Problem ist noch nicht einmal, dass sie womöglich nicht angenommen wird. Wahre Liebe manipuliert auch nicht und hegt auch nicht die kleinsten Erwartungen. Wenn Du bei diesem Satz an Deine Beziehung denken musstest, dann wird Dir wahrscheinlich klargeworden sein, dass es da für Dich noch einiges zu entdecken und zu entwickeln gibt.

Liebe geschieht grundlos. Wenn Liebe etwas tut, dann braucht sie keine Gründe dafür. Das siehst Du gut bei Kindern. Wenn sie etwas getan haben, frage sie doch einmal: „Warum hast du dies oder jenes getan?" Herzliche Kinder werden dann antworten: „Ich weiß es nicht." Ja, das ist eine wunderschöne Antwort! Aber was machen die Erwachsenen? Sie schreien sie an oder schimpfen mit ihnen, bis ihnen eine glaubwürdige Antwort gegeben wurde. Eine Antwort, die sie glauben können. Dass sie dann meist nur eine erfinden, scheint Erwachsene offenbar nicht sonderlich zu irritieren. Hu ... in was für einer verkehrten Welt wir doch leben (...)

Da ich weiß, dass die Liebe keinerlei Ambitionen hat, die Welt zu retten, muss ich das ja auch nicht unbedingt verändern. Liebe will nicht verändern. Sie will weder den andern noch sich selbst und schon gar nicht die Welt verändern. Die Welt, die anderen und auch ich sind vollkommen! Liebe will all das einfach nur lieben.

Lieben ..., lieben ..., lieben ..., nur lieben will die Liebe! Da ist kein Platz für Sorgen, Neid, Eifersucht und dergleichen mehr. Lieben ..., lieben ..., lieben ..., da ist keine Zeit, um logische Begründungen für irgendein Verhalten zu finden oder, noch schlimmer, zu erfinden. Die Liebe braucht das nicht, denn alles, was sie tut, ist: heilig. Da ist nichts Unreines in ihr. Sie handelt stets frei jeglicher schlechten Absichten. Und wenn ein Kind mal etwas zerbricht, dann mag das wohl ungeschickt gewesen sein, aber boshaft war es sicherlich nicht! Es ist eben so, die

Liebe treibt Kinder zur Neugier. Zur Neugier auf die Welt. Es interessiert das Kind, was man auf der Welt so alles anstellen kann und wie es hier so ist. Es muss die Welt erforschen, sie entdecken, die Welt mit allen Sinne erleben. Das ist wahre Leidenschaft. Ein Kind muss einfach alles untersuchen, um herauszubekommen, was man mit diesen Dingen so alles anstellen kann! Deswegen heißt es ja schon in der Bibel: „Werdet wie die Kinder!" Verstehst Du das jetzt besser? Es bedeutet: Sei neugierig, sei interessiert, sei offen und liebe! Liebe das Leben, jeden einzelnen Augenblick und alles, was darin enthalten ist. Sei frei in Deiner Liebe zu Deinem Leben ... liebe es einfach ..., erforsche es ..., probiere es aus!

Natürlich ist das jetzt für Viele, die mir bis hierhin gefolgt sind, womöglich blöd. Konsequenterweise bedeutet, frei zu lieben und die Welt neugierig zu entdecken, ja auch, dass man dann eigentlich nie etwas absolut zusagen kann. Zum Beispiel auch nicht so etwas wie: „Ich werde Dich immer lieben" oder „Ich werde Dir immer treu sein", und so weiter ...

Liebst Du wie ein Kind, dann erlebst Du Dein Leben auch so, dass es Dir unmöglich ist, sichere Prognosen für den nächsten Augenblick zu stellen. Das Leben ist voller Überraschungen und Überraschungen sind Geschenke! Deine Frau oder Dein Mann knutscht mit einem anderen herum? Oh, welch eine Überraschung, oder nicht? Es ist ein Geschenk! Das Leben zeigt Dir in seiner so bedingungslosen Liebe eine ganz neue Seite. Wahrscheinlich aber wirst Du, anstatt diese Seite zu erforschen oder sie gar zu genießen, sie mit allem, was Du hast, bekämpfen. Das heißt: Du wirst diese Erfahrung nicht integrieren können. Und solange Du das nicht schaffst, wirst Du sie auch immer wieder erleben dürfen. Immer und immer wieder erinnert ja fast schon an ‚schlechtes Karma'. ‚Schicksal' würden andere sagen oder ‚Zufall'. Dabei ist es doch bloß Unwissenheit!

DER SCHATTEN EINER FALSCHEN INTERPRETATION

Eine falsche Interpretation nennt man landläufig auch schlicht Missverständnis. Im Schattenbereich der Liebe ist das ein großes Übel. Man sagt irgendwas, aber es kommt völlig falsch an. Das Gegenüber nimmt es plötzlich ganz persönlich, interpretiert es falsch und missversteht den Sinn dessen, was Du eigentlich sagen wolltest. Lass mich ein Beispiel erklären:

Da ist jemand, der möchte unbedingt von Dir geliebt oder zumindest gemocht werden. Dafür tut er alles, was ihm möglich ist. Nun könnte es ja aber doch passieren, dass das, was er für Dich tut, zum Beispiel Deinen Computer zu optimieren, dummerweise fehlschlägt. Nun bemerkst Du vielleicht einfach nur, dass Du diesen oder jenen Ordner nicht mehr finden kannst, und schon passiert es. Deine Aussage wird falsch interpretiert. Da der andere Dich ja liebhat und durch seinen Dienst Dir eigentlich seine Liebe zeigen wollte, kann er Deinen Ausruf auch nur persönlich verstehen. Seine Angst, nicht geliebt zu werden, macht aus Deiner rein sachlichen Information etwas wie: „Ich habe Dich nicht lieb." Und darauf reagiert er nun. Durch seine eingeschränkten Möglichkeiten, Dich wirklich zu verstehen, fühlt er sich jetzt womöglich nicht gut genug und schlussfolgert, dass Du ihn deshalb nicht ausstehen kannst. Und wie jeder verletzte Mensch wird auch seine Reaktion vermutlich die sein, Dich anzugreifen, Dir Vorwürfe zu machen oder zumindest etwas giftig zu werden. Plötzlich steht eine Freundschaft auf dem Spiel.

Man kann manchmal einfach wirklich nur raten, wieso Menschen reagieren, wie sie reagieren. Man kennt ja nicht alle ihre Probleme, Traumata oder Prägungen und so werden manche Situationen mit ihnen immer überraschend für uns bleiben. In meinem Beispiel von gerade eben war es die Liebe, aber ihr Schatten, der alles veränderte, war die Angst. Die Angst hat die Wahrnehmung beschnitten, hat die einfache, nüchterne Klarheit zu einer bösen Fratze persönlicher Ablehnung verzerrt.

Man könnte also sagen, dass unser bemühter Freund sich sozusagen in der Dämmerung der Liebe bewegt. Es ist nicht total finster, aber auch noch nicht wirklich strahlend hell.

Ein anderes Beispiel:

Du liebst jemanden. Aber wie es nun mal ist, scheint dieser Deine Gefühle nicht in gleicher Art zu teilen. Ihr verabredet euch zum Essen und er sagt bewundernd, welch schönes Kleid Du doch trägst und wie wundervoll es an Dir zur Geltung käme. Oder umgekehrt: Du bist ein

Mann und sie macht Dir Komplimente für die Art, wie Du Dich kleidest, oder amüsiert sich köstlich über Deine Witze oder bewundert Dich für Deine fachlichen Talente etc. Doch auch umgekehrt erwidert sie nicht Deine leidenschaftliche Liebe, die Du für sie empfindest. In beiden Beispielen würden die Komplimente des anderen möglicherweise als Signal der Zuneigung, als Zeichen der Liebe interpretieren werden und man könne sich infolgedessen auch alsbald einen Schritt weiter wagen. Dieses Missverständnis könnte man nun eine ganze Weile lang weiterspielen, ohne dass es jemandem wirklich auffällt.

Irgendwann kommt dann aber der Zeitpunkt, an dem man sich gestärkt durch die vielen vermeintlichen und gegenseitigen Liebesbekundungen dann doch traut zu fragen, ob es nicht langsam an der Zeit für eine Beziehung sei. Doch nun platzt die Bombe! Das „Nein", das nun krachend auf den Boden fällt, wird auch den anderen unsanft aus den Wolken stürzen. Großer Ärger und tiefes Verletztsein würden folgen. Vorwürfe fliegen durch die Luft und wenige Zeit später würde diese Freundschaft wohl Geschichte sein.

Und was ist eigentlich passiert? Nichts. Bloß ein Missverständnis. Und so, wie Missverständnisse und falsche Interpretationen Freundschaften zerstören, genau so entstehen auch Kriege. In der Tat, bei genauerem Hinsehen erkennt man es, viele Kriege wurden aufgrund solcher Missverständnisse angezettelt. Auch Kriege sind somit letztlich nur die Folgen eines Schattens. Frieden ist aber demnach auch nicht weit entfernt! Wo Schatten ist, da ist auch Licht. Frieden, auch der Weltfriede, basiert auf Licht, basiert auf Liebe. Auf echter, unmissverständlicher Liebe. Ist das so schwer zu verstehen? Weshalb gelingt es uns nicht, diesen Weltfrieden zu begründen?

Vielleicht würde es doch einfach mehr Sinn machen, anstatt der Mechanismen von Krieg lieber die der Liebe zu studieren.

DEN SCHATTEN ERLÖSEN

Sicher interessiert Dich nun brennend, wie sich diese Schatten erlösen lassen, nicht wahr? Auch wenn Du vermutest, dass die Lösung womöglich gar nicht so einfach ist, lass Dich mal überraschen. Vielleicht hast Du schon einiges versucht, um diesen Schatten zu entkommen. Dann hast Du mit Sicherheit auch bemerkt, dass sie Dir auf Schritt und Tritt folgen, ganz gleich, wohin Du gegangen bist. Ich nehme mal ganz stark an, dass Dein Fokus stets auf den Schatten gerichtet war und Du verzweifelt versuchst hast, ihnen entweder auszuweichen oder sie zu verdrängen. Doch es hat nicht funktioniert, nicht wahr? Du hast bemerkt, dass sie manchmal hinter Dir sind, ein anderes Mal neben Dir und wieder ein anderes Mal siehst Du sie Dir gegenüber. Wohin auch immer Du Dich drehst, sie haben sich mit Dir gedreht.

Richte daher Deine Aufmerksamkeit nicht auf den Schatten, sondern auf das Licht. Die Sonne steht immer direkt über Dir! Stelle Dich direkt darunter und schon ist der Schatten erlöst. Wie meine ich das? Ich meine damit, dass Du den Schatten und alles, was ich im Laufe dieses Buches als solchen bezeichnet habe, mit ins Licht nehmen sollst.

Es geht nicht darum, ihn loszuwerden! Das wird nicht funktionieren. Es geht darum, ihn mitzunehmen. Alles, was Du ins Licht Deines Bewusstseins und in den Raum Deines Herzens mitnimmst, all das wird sich selbst erlösen. Finde also das Licht in Dir und folge den Impulsen Deines Zentrums. Beende den Kampf gegen die Finsternis und erlaube, dass sie Teil von Dir werden. Was sich erlösen soll, musst Du zuvor angenommen haben. Nimm also Deinen Schatten an, kämpfe nicht gegen sie, dann verwandelt er sich in Licht. So einfach ist das.

Wenn du das versuchst, sich Dein Verstand aber dagegen sträubt und Dir einreden will, dass dies aus irgendeinem Grund nicht möglich oder gar gefährlich sei, dann erkenne, dass auch diese Gedanken aus dem Schatten kommen. Nimm auch sie an. Ergib Dich dem Schatten, nimm ihn zu Dir und erlaube ihm, ins Licht Deiner Liebe einzutauchen. Dann wird Transformation geschehen. Sie geschieht immer in Freundschaft, nicht in Feindschaft. Werdet Freunde – Du und Deine Schatten – und der Sieg ist Dein. Alles, was in Deine Liebe, in das Licht Deines Herzensbewusstseins eintritt, wird sich verwandeln. Verwandle Dich. Werde wieder zu dem, was Du bist, und Friede wird in Dir sein. Der Schatten ist erlöst.

IM SCHATTEN DER LIEBE | BRUNO WÜRTENBERGER

BEZIEHUNG – ENG ODER NAH?

Je weniger Raum die Liebe hat, sich zu entfalten, desto enger wird auch die Beziehung, die Du leben wirst. Das erzeugt auch eine Art von Wärme, man klebt ja irgendwie eng aneinander. Die Enge ist aber nicht gleichbedeutend mit Nähe. Das ist etwas ganz anderes. Enge basiert auf Angst, Nähe basiert auf Liebe. Mehr noch, Liebe braucht sogar viel Raum, sich zu entfalten. Wenn Du aus Angst alles eng hältst, wie will sich da noch Liebe entfalten können? Das ist wie mit einer Flamme in einem Gefäß. Je größer die Flamme ist, desto größer muss das Gefäß sein. Je mehr Raum die Flamme hat, desto länger kann sie brennen. Mach einen Deckel drauf und du siehst, was mit dem Feuer passiert. Die Flamme Deines Herzens wird genauso erlöschen und die Liebe ersticken, wenn Du ihr keinen Raum gibst. Immer dann, wenn die Angst viel Raum in Dir nutzt, viel mehr als die Liebe, dann wird Deine Liebe eingehen.

Liebe ist auch Vertrauen. Deshalb ist Vertrauen der wichtigste Teil einer Liebesbeziehung. Vertraue aber nicht aufgrund dessen, was der andere tut oder unterlässt, sondern vertraue in die Liebe. Du hast immer die Wahl. Du kannst Deine Liebe für einen anderen Menschen von äußerlichen Dingen abhängig machen, Du kannst es aber auch bleiben lassen. Liebe oder zweifle. Du hast stets die Wahl! Vertraue der Liebe, oder vertraue dem Zweifel. Gib der Angst Raum oder Deiner Liebe, oder anders gesagt: lebt eng oder in Nähe. Vergiss nie: Jenseits aller Begründungen, Erklärungen und Ausreden, alles, was Du tust oder unterlässt, es wird immer Deine Entscheidung sein.

LIEBE IST EINE VISION

Liebe ist eine Vision, deren Schatten Ziele sind. Lass mich das erklären: Ziele sind, obwohl erst mal grundsätzlich eine gute Sache, dennoch nur Schatten im Gegensatz zu einer Vision. Ziele lassen sich erreichen, eine Vision lässt sich nur leben. Eine Vision lebt. Sie ist stets Ausdruck einer bestimmten Form von Liebe. Sie ist nicht bloß erfüllt von Licht, sie ist Licht. Ziele hingegen – obgleich sie auch lichtvoll sein können – sind und bleiben nur Schatten einer echten Vision. Ziele kann man erreichen, erfüllen und deren Vollendung verwirklichen. Eine Vision hingegen lässt sich niemals gänzlich vollenden. Sie will auch gar nicht vollendet werden, sie will grenzenlos sein. Das Einzige, was bleibt, ist, sie zu leben. Ziele zu erreichen macht nur für einen flüchtigen Moment glücklich. Das wird schon alleine daran deutlich, dass auf jedes Ziel ein weiteres folgt.

Das, was sich Menschen allgemein unter dem Begriff Ziel so alles vornehmen, das erfüllt sich meist innerhalb einer gelebten Vision von ganz alleine. Das Erreichen persönlicher Ziele geschieht dann mit einer solchen Selbstverständlichkeit, dass man im Flow der Vision sie fast vollständig vergisst. Das, was für andere Menschen meist vollständig Lebensinhalt geworden ist, ergibt sich für den Visionär als angenehmer Nebeneffekt mühelos.

Ein Visionär benötigt keine Zielerfüllungen, um glücklich sein zu können. Das Glück, das wahre Glück, empfinden Visionäre in jedem Augenblick des ‚Sich-Vergessens', während der Hingabe an die eigene Vision. Dies führt weit über den allgemeinen Begriff des Glücklichseins zu wahrer Glückseligkeit.

Wenn man eine Vision jedoch gleich wie ein Ziel behandelt, also das Licht wie den Schatten, dann verhindert man das vollständige Eintauchen und das ‚Sich-Hingeben'. Dann wird man der Glückseligkeit niemals begegnen, selbst wenn man seine Vision noch vor Augen hat. In Bezug auf Ziele ist man erfolgsorientiert, man muss sie erreichen und erfüllen. Doch mit dem Erreichen des Zieles fällt alles ineinander. Das Ziel ist dann weg, es ist Vergangenheit, tot. Eine Vision aber wird immer leben! Sie bleibt deshalb am Leben, weil sie nie gänzlich verwirklicht werden wird. Sie lässt sich deshalb niemals gänzlich erreichen, weil sie ständig wächst. Mit jedem Schritt, den Du tust, wächst auch die Vision. Die Vision ist lebendig, sie ist ein Organismus. In gleichem Maße, wie Du Dich entfaltest und ausdehnst, breitet auch sie sich aus. Die Vision ist Licht, Liebe, Ziele sind bloß ihr Schatten. Ziele zu verwirklichen ist einfach, eine Vision zu leben, ein wahres Abenteuer.

Manche Menschen suchen nach einer Vision, doch Visionen kann man nicht finden. Ziele kann man finden oder besser gesagt kreieren. Jedes Ziel, das wir uns setzen, können wir auch erreichen. Deshalb stecken wir uns ja Ziele. Eine Vision kann man nicht erschaffen. Die Vision ist schon da. Man kann sie auch nicht finden, denn sie ist nicht versteckt. Sie ist wie das göttliche Licht, einfach da. Die Entscheidung liegt darin, sich ihr hinzugeben oder nicht. Auch einem Schatten kann man sich hingeben. Dann sollte man sich aber nicht wundern, wenn nach dem Erreichen eines Zieles sich eine gewisse Unzufriedenheit einstellt, wenn nach dem ersehnten Chefposten, nach dem tollen Auto, nach dem schönen Haus, nach dem wundervollen Partner, nach den süßen Kindern und nach dem treuen Hund es immer noch nicht reicht, um wirklich glücklich zu sein. Immerwährendes und beständiges Glück befindet sich jenseits des Schattens, jenseits der Illusion. Der Schatten verblasst unmittelbar dann, wenn das Licht zu erstrahlen beginnt. Sobald Du Dich dem Lichte Deiner Vision hingibst, werden die Schatten Deiner Ziele verblassen. Bald schon wirst Du Dir nichts Schöneres mehr vorstellen können, als Dich der Vision, dem Licht hinzugeben.

Schatten sind so vergänglich, dass es sich nicht wirklich lohnt, sie festzuhalten. Doch Schatten haben auch etwas Gutes, weisen sie Dich doch darauf hin, dass es auch irgendwo eine Vision bereits geben muss. Du weißt ja: Wo Schatten ist, da ist auch Licht.

Nun bitte, verstehe mich nicht falsch. Ich habe mit keinem Wort gesagt, dass Schatten oder Ziele etwas Schlechtes sind. Im Gegenteil! Ich will Dich aber darauf hinweisen, dass es da noch mehr gibt und interessanterweise ist dieses Mehr um vieles leichter zu erreichen als die kleinen, schattenhaften Ziele, die Du sonst möglicherweise Dir setzt.

Jetzt weißt Du, wie Du zu einem wahren Lichtarbeiter

oder Lichtarbeiterin werden kannst: Folge Deiner Vision!

DER ANGSTSCHATTEN HINTER DEM LICHT

Unmittelbar hinter der Angst strahlt das Licht des Vertrauens. Viele glauben, dass Angst einfach da sei. Aber nichts ist einfach da, auch Angst nicht. Angst muss gemacht werden, die Frage ist nur wie? Wenn Du nichts machen würdest, dann wäre da sicher nur Licht. Angst ist der Schatten, welcher durch Dein Tun entsteht. Er verschwindet in der Hingabe an das, was ist, in der Hingabe an das Sein, an das essentielle Sein.

Wenn Du herausfinden kannst, wie Du Angst machst, wie Du Angst erschaffst, dann kannst Du es auch einfach sein lassen. Du wirst rasch herausfinden, dass Du Angst mit Deinen Gedanken erschaffst. Du wirst bewusst wahrnehmen, wie Du lichtvolle wie auch dunkle Gedanken erschaffst. Wahrscheinlich hättest Du bis zu diesem Zeitpunkt geschworen, dass Du niemals dunkle Gedanken selbst erschaffst. Aber bedenke, nicht nur böse Gedanken sind dunkel, auch solche, welche nicht Deiner wahren Größe und Einzigartigkeit Ausdruck verleihen.

Du musst lernen einfach Stopp zu sagen. Sobald Deine Gedanken im Begriff sind, die lichtvolle Seite zu verlassen, sage es: Stopp! Die einzige Schwierigkeit dabei ist: dass Du dies sehr, sehr frühzeitig tun musst. Je länger Du wartest, desto schwieriger wird es, noch einzugreifen. Am besten – und mit ein wenig Übung wird es Dir auch bald gelingen – stoppst Du sie bereits kurz bevor Du den ersten nicht lichtvollen Gedanken denken würdest. Ja, mit der Zeit entwickelt sich in Dir die Fähigkeit, Gedanken zu erkennen, schon bevor Du sie gedacht hast. Dies wäre der beste, weil einfachste Moment, es zu tun. Je mehr Du Dir angewöhnst, Deine Gedanken zu beobachten, desto schneller entwickelt sich auch diese Fähigkeit in Dir.

Aber Vorsicht, sei nicht naiv! Dunkle Gedanken verbergen sich oft hinter dem Licht. Sie geben sich gerne als sogenannte positive Gedanken aus. Nicht umsonst werden ja auch die meisten Kriege im Namen Gottes geführt und nicht im Namen des Teufels. Gott kann man gut wie eine künstliche Sonne vor sich herschieben und hinter ihr die dunkelsten Machenschaften verstecken. So führt man sich selbst, wie aber auch die anderen sehr schnell hinter das wortwörtliche Licht. Religionen und Sekten sind meist auch immer aus Angst entstanden. Genauso, wie Heilslehren und medizinische Gesundheitstechniken aus Angst entstehen. Deshalb sind diese Dinge auch in einem so desolaten Zustand. Ja, sie könnten auch aus einem anderen Bewusstsein, aus Licht entstehen. Dann würden sie auch in eine ganz andere Richtung wirken. Doch wollen wir mal zuversichtlich sein. Die große Zeit der Veränderung ist angebrochen. Die Schatten weichen langsam, aber sicher, und vieles wird nun neu aus Licht geboren und wird Licht sein.

Das ist der Beginn eines neuen Zeitalters. Um dieses mit zu begründen, bin ich gekommen. Auch Du bist deswegen auf Deiner Reise durch die Ewigkeit hier auf Erden zwischengelandet. Jetzt ist der Moment, in dem Du Dir dessen bewusst werden solltest. Solltest Du so weit erwachen, dass Du die neue Zeit bewusst mitgestalten willst, so stehen Dir meine Türen und die zu Free Spirit weit offen.

LIEBER VORDENKEN ALS NACHPLAPPERN

In diesem Sinne zähle sogar ich den Verstand einmal nicht zum Schatten. Dann nämlich, wenn es darum geht, vorzudenken, anstatt nachzuplappern.

Viele gebrauchen ihren Verstand nur dazu, irgendjemandem nachzuplappern. Professor sowieso hat gesagt, Pfarrer Meier meint, Guru xy sagt, Autor dingsbums hat geschrieben, Medium bla-bla hat gechannelt, in der Bibel oder in der Bhagavad Gita steht, dass ... und so weiter. Doch das bloße Zitieren irgendwelcher Philosophen, Propheten und Doktoren bedeutet noch lange nicht, dass man tatsächlich Gebrauch der immensen Kapazität seines Verstandes macht. Das Sich-erinnern-an-Etwas, das man gelesen oder gehört hat, ist nicht viel mehr als genau das: erinnern. Dazu benötigt Dein Gehirn nur einen winzigkleinen Bruchteil seiner Kapazität.

Das Gehirn vermag jedoch viel mehr, als sich bloß zu erinnern. Es kann auch als eine Art Schaltstelle genutzt werden. Das Gehirn ist in der Lage, uns mittels der Hypophyse anstatt nur zu reinem Wissen, auch zu Erkenntnis und Weisheit zu führen. Es vermag geistige Impulse aufzufangen und diese als inspirative Eindrücke in Erfahrungen umzuwandeln. Das Gehirn kann, wenn es intuitiv anstatt linear be- und genutzt wird, um Dimensionen komplexer funktionieren und in der Tat Licht erzeugen! Viel mehr jedenfalls als bloß ein paar elektrische Lichtfunken, welche durch normale Denkprozesse ausgelöst werden. Es wird regelrecht erleuchtet. Und wenn es hell ist im Gehirn, dann ist klar, dass die geistige Sicht ebenfalls klarer wird. Hellsicht entwickelt sich. So nennt man das dann.

SEX
IM SCHATTEN DER LIEBE

Manche wundern sich, dass ich in meinen Kursen auch mit dem Thema Sex locker und experimentierfreudig umgehe und ihn keineswegs verteufle, auch wenn viele Meister Sex lieber in einer dunklen Ecke sehen. Dabei handelt es sich auch um ein großes Missverständnis. Ob Sex nämlich kreativ oder destruktiv ist, ist keine Frage der Sexualität an sich, sondern eine Frage der Liebe. Solange Sex als eine dunkle Sache angesehen wird und das Ziel ist, keinen Sex zu leben, ist es tatsächlich eine ziemlich dunkle Angelegenheit. Dann nämlich beginnt der Mensch gegen seine und jegliche Sexualität zu kämpfen – und er wird diesen Kampf verlieren. Mit Sicherheit. Auch Asketen, die völlig ohne Sex leben, haben diesen Kampf verloren. Sie haben den Sex und entsprechende Begierden zwar im Griff, aber das konnten sie nur durch disziplinierte Unterdrückung schaffen, nicht durch Transformation.

Auch mein Ziel im Umgangs mit Sex ist, ihn zu erlösen. Aber ohne jegliche Entbehrungsgefühle. Spiritualität und Liebe haben niemals mit Unterdrückung oder Entbehrung zu tun, sondern mit Transformation. Der Sex muss transformiert werden, nicht kontrolliert. Bevor dies jedoch geschehen kann, muss Licht in diese Sache gebracht werden. Das Licht der Liebe. Bringe Deine ganze Liebe in Deine Sexualität. Erlebe ihn als ein Zusammenspiel zweier Herzen und Körper so lange, bis es Dich vollkommen erfüllt. Dann wird es lichtvoll. Jetzt wirst Du bemerken, dass Deine Gelüste nach anderen Körpern und anderen Küssen sich von alleine auflösen. Aber nicht, weil Du das willst, sondern weil es sich einfach ergibt. Ja, ich weiß, zuerst wird es vielleicht etwas mehr und intensiveren Sex mit verschiedenen Partnern geben, aber fürchte Dich nicht davor, das ist nur eine Übergangsphase. Ja, ich weiß, schon möglich, dass die eine oder andere Beziehung dadurch in die Brüche geht. Aber sich vorzumachen, dass man treu sein kann – auch in Gedanken – nur aus Angst vor den möglichen Risiken, führt letztlich auch nicht zu einem besseren Resultat. Nicht umsonst gibt es mittlerweile fast mehr Scheidungen als Hochzeiten .

Sex macht Angst, solange er dunkel ist. Bringe Licht in die Angelegenheit und der Sex wird zu einer bereichernden, kreativen anstatt destruktiven Erfahrung. Du willst doch leben, oder? Wie kannst Du leben, wenn das Leben kein Risiko mehr darstellt? Risiko ist Licht, Sicherheit ist Dunkelheit. Allerdings eine ziemlich bequeme Dunkelheit. Nur, im Finstern weiß man nie so genau, wo es hinführt. Aber eins ist klar, Sicherheit in einer Beziehung führt zum langsamen Tod derselben. Irgendwann, wenn Dein Sex mit Licht und Liebe durchflutet ist, dann wird Dein Partner zur reinen Verkörperung aller Frauen/ Männer. Du willst keinen anderen dann mehr. Jegliche Begierde nach anderen Körpern entfällt dann völlig k(r)ampflos.

Sex, auf diese Weise transformiert anstatt unterdrückt, hätte niemals zur Unterdrückung der Frau geführt. Niemals hätten Religionen entstehen können, welche ein Zölibat oder kontrollierten, eingeschränkten Sex verlangen. Dies wäre in der Vergangenheit von größter Bedeutung gewesen. Männer, Priester und andere pseudoreine, sexlose Individuen hätten diese angestaute, finstere Kraft nicht in Gewalt, Kriege und Kreuzzüge investiert. Wie viel Leid wäre den Menschen dadurch wohl erspart geblieben?

Ich weiß, es sieht zu Beginn gar nicht so danach aus, dass Sex so gewalttätig werden könnte. Aber es handelt sich bei dieser Kraft um ein gewaltiges Feuer! Man kann es nicht einsperren, ohne dass es einen zerstört. Transformiere ihn, indem Du nicht kämpfst. Sei mutig, gehe lichtvoll durch ihn hindurch und erlebe dieses Feuer alsbald in seiner transformierten Form als reinste Erfüllung. Tauche ein in ein wunschloses Da-Sein und schau, was geschieht.

Möglicherweise spielt dann der Sex keine bedeutende Rolle mehr in Deinem Leben. Dann aber nicht, weil Du den Schatten unterdrückst, sondern weil Du Licht ins Dunkel gebracht hast und Du nun von den Vorzügen des Lichts profitierst. Sex wird durch Liebe transformiert und das ist allemal besser, als ihn durch Widerstand zu unterdrücken.

DIE
SCHATTENSCHLUCKER

Wer alles schluckt, wird zum Schattenschlucker.

Was meine ich mit Schattenschlucker? Gehörst Du auch dazu?

Manchmal ist es nicht gleich so offensichtlich und vermutlich würde jeder antworten, dass er mit Sicherheit kein Schlucker ist. Dennoch benehmen sich die meisten Menschen genau so, sie schlucken. Auch Du schluckst jedes Mal Schatten, wenn Du zu etwas ja sagst, wo Du eigentlich nein meintest. Jedes Mal, wenn Du Dein stillschweigendes Einverständnis zu etwas gibst, was nicht Deiner Meinung entspricht. Jedes Mal, wenn Du Dich nicht traust, zu widersprechen. Jedes Mal, wenn Du einem Konflikt ausweichen willst und deshalb nicht zu Deiner Meinung stehst. Jedes Mal einfach, wenn Du nicht ehrlich bist.

Die meisten Menschen schlucken einfach viel zu viel. Das muss früher oder später zu Verdauungsbeschwerden führen. Du bist ein Licht, so lange Du ‚Du Selbst' bist. Je öfter Du Dich verleugnest, desto mehr und mehr Schatten häuft sich in Dir an. Irgendwann wird es dann ganz dunkel in Dir werden. Dann bist Du wahrlich ein armer Schlucker. Und wenn man eines Tages bemerkt, wie sehr man, bewusst oder unbewusst, so viele Schatten sich angefressen hat, dann muss man sich zwangsläufig einmal mächtig übergeben. Das ist unangenehm. Dann, wenn der ganze Mist hochkommt, steht man meist vor einem Trümmerhaufen und fragt sich viel zu spät, wie man bloß so dumm sein konnte?!

Kein Mensch wird und wurde jemals als so ein armer Schlucker geboren. Um so weit zu kommen, muss man hart dafür arbeiten und wie gesagt ganz schön viel dafür schlucken. Manchmal ist Schweigen wirklich Silber und Reden Gold, dann nämlich, wenn das Schweigen mit Schlucken verbunden ist.

Schattenschlucker haben immer Angst, nicht geliebt zu werden, taktlos zu sein oder eigene Vorteile zu verlieren. Kennst Du das? Jetzt, in diesem Moment, könnte es hilfreich sein, Dir das einzugestehen. Denn wenn das bei Dir auf keinen Fall mehr vorkäme, dann würdest Du diese Worte von mir gar nie zu hören oder zu lesen bekommen. Merke, je früher Du damit aufhörst, desto einfacher und schneller treten wundervolle Veränderungen in Dein Leben.

Solltest Du Dich gerade genervt von mir fühlen ob meiner Direktheit, dann erkenne dies als deutliches Zeichen dafür, dass etwas dran ist an dem, was ich sage. Schlucke diesen Ärger nicht mit der Methode, Dich noch mehr dagegen zu wehren. Lass Licht einfließen! Nimm es zu Dir, gestehe Dir selbst ein, wo Du Dich überall noch nicht getraust ehrlich Deine Meinung zu sagen. Vielleicht aus Angst, den Job, Partner oder was auch immer zu verlieren. Wachse über Deine Ängste hinaus! Schlucke in Zukunft lieber Deine Feigheit und werde mutig. Du hast nichts zu verlieren. Zumindest nichts, was lohnenswert wäre zu behalten. Denn das, was sich lohnt, das kann man nicht verlieren, aber viel, viel wäre zu gewinnen!

Zumindest sollte jetzt klargeworden sein, dass es gar nicht so schwer ist, das Gefühl, ‚ein armer Schlucker' zu sein, zu vermeiden. Beginne damit am besten noch bevor Du Dich so fühlst. Jetzt, wo Du Dir sagst: „Mir geht es doch gut." Tue es, damit es auch weiterhin so bleibt. Du weißt ja, vorbeugen ist besser als leiden. Du entscheidest. Entscheide einfach weise.

Spirituelle und auch menschliche Entwicklung beginnt dort, wo es ein durchschnittlicher Mensch noch nicht einmal vermutet. Je tiefer man sich im Schatten befindet, desto trüber wird auch die Sicht. Liebe bedeutet, dass man mutig ist, dass man bereit ist, über seine Begrenzungen hinauszugehen und vor allem, dass man genauer hinschaut. Licht und Liebe nähren sich selbst. Da ist man nicht mehr auf die Nahrung anderer in Form von Bestätigung, Lob oder Kritik angewiesen. Liebe macht frei, in jeder Hinsicht. Genauso, wie Licht hell macht in jeder Hinsicht und leicht und freudig und und und ...

LICHT MUSS LEUCHTEN

Licht muss leuchten, sonst wird es ganz schnell finster.

Immer wieder wird Dir gesagt, dass Du nicht gut genug bist, dass dies oder jenes nicht möglich sei oder dass Du noch nicht so weit bist, wie Du es sein möchtest. Immer wieder wird Dir, auch von Deinen Liebsten und natürlich via aller modernen Medien, klargemacht, dass es da noch Dinge gibt, die Du haben oder machen solltest, um vollständig glücklich sein zu können.

Ich aber sage Dir, dass Du glücklich bist! Du bist Licht und Licht wird umso heller leuchten, je länger es strahlt. Deshalb solltest Du Dich auf keinen Fall entmutigen lassen und weiterhin Deiner Essenz treu bleiben. Deine wahre Größe und Dein wahres Glück ist, war und wird niemals von irgendetwas abhängig sein.

Wenn ich sage, dass Licht leuchten muss, dann meine ich damit, dass Du auch Deine Größe leben musst, um groß zu sein. Gib dem, was Du bist, Ausdruck. Gewähre Dir den Raum, so zu sein, wie Du wirklich bist. Je mehr Du es Dir erlaubst, Dich selbst zu erfahren, so, wie Du bist, umso eher wird Dein eigenes Strahlen zu Deiner leuchtendsten Gegenwart werden.

Du wirst es nicht für möglich halten, aber die meisten Menschen um Dich herum sind glücklicher, wenn es Dir nicht ganz so gut geht. Wieso? Weil Du für Deine Mitmenschen als Orientierung für ihr eigenes Glücklichsein dienst. Je glücklicher Du also bist, desto eher wird ihnen klar, wie unzufrieden sie selbst sind. Und leider ist es allemal bequemer – ich sage nicht leichter –, die anderen um sich herum runterzudrücken, als sich selbst anzuheben und sein eigenes Licht wieder zu entfachen. Du bist für sie der Kontrast. Je heller Du leuchtest, desto deutlicher wird ihnen ihr eigener Schatten. Das ist, vorübergehend, eine sehr undankbare Rolle und Du solltest Dich durch nichts davon abhalten lassen, weiterhin glücklich und lichtvoll zu sein. Leuchte unbeirrt!

Es stimmt schon, Freunde könnten Dich verlassen, Beziehungen könnten an Deinem Licht zerbrechen und vieles andere könnte sich ebenfalls verändern. Ich sagte ja nicht, dass es langweilig werden würde, oder? Das sind jedoch keine Probleme, sondern eine Art Selbstheilungsprozess, welcher Dein Leben wieder in die ursprüngliche Ordnung zurückführt. Das ist kein Grund, unglücklich zu sein, im Gegenteil! Es gibt nichts Schöneres, als sein eigenes Licht, seine eigene Größe und sein eigenes Glücklichsein wieder zu erleben und, vor allem, es mit der Welt zu teilen. Licht muss leuchten, heißt: Du musst leben!

Nicht der Tod ist das Ende des Lebens, sondern das Leben ohne Licht und ohne das Gefühl des Glücklichseins. Sobald ein Bewusstsein sich verdunkelt, sieht der Verstand mehr und mehr Probleme in der Welt und im eigenen Leben. Depression ist das Resultat des Lichtmangels aufgrund totaler Unterschätzung seiner eigenen Größe. Da helfen keine Medikamente. Da helfen auch keine Luxusgüter, Fernsehen, Urlaub oder Geld und so weiter ...

Was da wirklich hilft, ist: Veränderung ins Licht hinein. Das eigene Leben zu überdenken und umzukrempeln. Das hilft. Dann geht die Sonne am Himmel des Bewusstseins wieder auf und wirft wieder sein wundervolles Licht auf den Horizont des eigenen Lebens. Ja, die Sonne muss wieder in uns aufgehen. Es ist letztlich die Wärme unseres eigenen Seins, welche uns die ersehnte Geborgenheit spendet, das Licht unseres eigenen Seins, welches unsere Sicht klärt und eben unser eigenes Licht, unsere eigene Größe, welche unser Leben in einen stetigen Fluss unendlichen Glücklichseins verwandelt.

Erwarte also nicht, dass das Licht der Welt Dich erhellt. Sei Dein eigenes Licht. Es leuchtet in Deinem Herzen und es leuchtet Dir Deinen Weg, den Weg Deines Herzens. Gehe ihn und Du wirst glücklich sein.

Gehe weiterhin den Weg, welchen die Gesellschaft vorschreibt, und Du wirst – früher oder später – genau dort enden, wo auch sie enden wird: im Chaos. Körperliches Chaos bedeutet Krankheit, Leid, Schmerz und letztendlich den Tod. Ansonsten würdest Du den Tod eher als eine wundervolle Transformation erleben und er würde als ein freudiges Erlebnis in die Geschichte Deines Lebens eingehen.

WER SIEHT WAS?

Aus dem Schatten betrachtet sieht alles anders aus, irgendwie alltäglich sozusagen.

Es soll ja immer noch Menschen geben, die sagen, dass sie nur glauben, was sie sehen. Wie dumm diese Ansicht ist, sollte jedem, der schon mal von Radiowellen, Röntgenstrahlung oder Handys gehört hat, eigentlich klar sein. So vieles in unserem Alltag geschieht unsichtbar und dennoch scheint es irgendwie schick zu sein, solches zu behaupten. Damit meinen die Leute sogar, besonders klug zu wirken. Die Wissenschaftler haben so etwas ja früher auch gesagt, oder? Schon möglich, wann war das nochmal? Vor 30 oder 50 oder 100 Jahren? Oh mein Gott, wie peinlich! Ich glaube nur, was ich sehe (...)

Aber eine solche Ansicht könnte sich kaum so lange und so hartnäckig halten, wenn sie nicht auch, irgendwo, einen gewaltigen Vorteil hätte. Aber welchen? Klar, selbst ein Narr kann damit vernünftig erscheinen. Es ist auch total praktisch für Menschen, welche sich nicht weiterentwickeln und keine Eigenverantwortung für ihr Leben übernehmen wollen. Was würdest Du zum Beispiel sagen: Sind Gefühle wesentlich? Und, hat jemand sie je gesehen? Oder kann man nur deren Wirkung sehen? Hm ... genau, von den meisten Dingen kann man nämlich die Ursache nicht sehen, sondern bloß ihre Wirkung. Befindet man sich im Schatten der Wirklichkeit, driftet man nur allzu schnell in die Ebene persönlicher Realitäten ab. (Das)Sie sind Wirkungsgläubige oder, wie man auch sagt, Materialisten. Sie werden allerhöchstens beruflich erfolgreich sein können, aber menschlich und auch was die Zukunft angeht, werden sie versagen. Ganz nach dem Motto: Wer nicht mit der Zeit geht, geht mit der Zeit.

Betrachtet man die Dinge aus dem Licht, so begeistern schon Alltäglichkeiten und das ganze Leben mutet wie ein wundervolles Märchen an. Echt, Du drückst einen Knopf oder Schalter und schon erscheinen Bilder in einem Kasten oder Licht geht an. Wow, für mich ein Wunder! Ich dreh den Schlüssel und mein Auto bringt mich zum Flughafen ...

Flugzeuge heben ab, Eisenbahnen flitzen über Gleise und bringen mich überall hin. Ich sehe ein Mädchen und verliebe mich. Diese Liebe, so unsichtbar, wie sie ist, kann mich dazu bringen, mein ganzes Leben zu ändern oder unglaubliche Dinge zu vollbringen. Oder das Leben selbst, wo ist es? Wer kann es anfassen? Soll ich deshalb nun nicht mehr an das Leben glauben, nur weil ich es nicht sehen kann? Was? Du glaubst, diese Welt, Du und ich, wir seien das Leben? Nein, wir sind nur eine von unzähligen Möglichkeiten, wie sich Leben auszudrücken vermag! Dein Körper ist die Wirkung, nicht die Ursache.

Schon möglich, dass ich Dir das nicht unzweifelhaft beweisen kann, aber bisher konnte auch noch niemand schlüssig das Gegenteil beweisen. Somit steht also Aussage gegen Aussage und wie immer glaubt jeder das, was ihm persönlich am besten in den Kram passt. Wir holen uns in der Welt immer jene Beweise und Erfahrungen, welche am ehesten in unser bereits vorhandenes Denkmuster hineinpassen. Das ist normal und auch nicht schlimm, aber man sollte es zumindest wissen, um nicht in eine totale Überheblichkeit gegenüber Andersgläubigen zu verfallen.

Ein typisches Charakteristikum solcher Dunkeldenker ist, dass ihre Sichtweise immer begrenzter ist als die Sicht aus dem Licht heraus. Das ist weder gut noch schlecht, ich bewerte das nicht. Es ist einfach, was es ist. Für einige ist das gesamte Leben mit dem körperlichen Tod zu Ende und für die anderen beginnt es dann möglicherweise erst richtig. Ich wähle schon längst nicht mehr die plausibelste, sondern die unbegrenzte Variante. Die Wissenschaften haben sich stets weiterentwickelt, langsam zwar, aber immerhin. Immer schneller werden sie immer unglaublichere Dinge entdecken und am Ende erkennen, dass sie bloß mehr und mehr beweisen, was Leute wie ich schon längst behaupteten.

Schon möglich, dass ich mich bis dahin damit abfinden muss, als Spinner oder Utopist bezeichnet zu werden. Immerhin wird man mich heutzutage deswegen wenigstens nicht mehr umbringen, kreuzigen oder auf den Scheiterhaufen werfen, Gott sei Dank. Es ist noch gar nicht so lange her, dass einen solch ein Schicksal ereilte, zum Beispiel wenn man behauptete, dass die Erde rund sei.

Also, meine Ansicht und die Basis eines jeden ernstzunehmenden Bewusstseinsforschungstrainings lautet: Ich sehe nur, was ich glaube.

SCHATTENZEIT

Im Schatten vergeht die Zeit.

Das ist ein weiteres, sehr interessantes Phänomen im Schatten. Wenn man liebt, dann scheint die Zeit still zu stehen oder, besser noch, ewig anzudauern. Andererseits, wenn der Verstand eingreift, während man in Liebe ist, scheint die Zeit auch im Nu zu verfliegen oder ein Augenblick endlos zu sein.

Wenn Du zum Beispiel gerade mit Deiner/m Liebsten eng umschlungen auf einer Bank den Sonnenuntergang genießt, dann steht die Zeit still. Denkst Du aber auch nur einen Augenblick daran, dass dieses wundervolle Naturschauspiel, dieser zauberhafte Moment, in wenigen Minuten vorbei sein wird, dann ... dann ist er bereits vorbei.

Oft werden sich die Menschen erst im Alter bewusst, dass sie ihr Leben in ‚Schattenzeit' verlebt haben. Das heißt, es wird ihnen bewusst, dass sie viel zu wenig wirklich gelebt haben. Sie erkennen möglicherweise, dass das Leben immer im Hier und Jetzt stattfindet. Im besten Falle realisieren sie auch, dass es am Verstand gelegen hat, dass sie ihre Lebenszeit nicht als einen immerwährenden Augenblick, sondern als eine immer schneller vergehende Zeitspur wahrgenommen haben. Der Verstand hat nämlich ein großes Problem: Er kann nicht in der Gegenwart sein. Er befindet sich immer entweder im Gestern oder Morgen. Das ist DAS Problem schlechthin. Du kannst das jetzt gerne verneinen und mir tausend Gründe nennen, weshalb dies so nicht ganz korrekt sei, aber weißt Du was?

Deine Zeit vergeht trotzdem und unweigerlich. Der Tag wird so oder so kommen, falls Du alt genug wirst, wo Du Dir dessen, was ich hier sage, bewusst wirst, aber dann ... dann ist es möglicherweise zu spät. Also, denk darüber, was Du willst, das ist ok. Früher oder später wirst Du Dich mit Sicherheit an meine Worte erinnern und sagen: ‚Hätte ich doch ...'

Um wirklich zu leben, muss man immer verliebt sein!

Allerdings wird dies kaum möglich sein in Bezug auf einen Menschen, da Verliebtsein in Bezug auf Partnerschaften immer nachlässt. Du musst weitergehen und Dich ins Leben selbst verlieben. Dann ist Deine Liebe nicht mehr abhängig und dadurch nicht mehr in Gefahr, Dir abhanden zu kommen. Liebe etwas Ewiges! Das Leben, das Universum, die Schöpfung, einen Gott oder die Ewigkeit selbst. Irgendetwas einfach, was nicht vergeht. Somit vergeht auch Deine Liebe nicht und mehr und mehr wirst Du erfahren, dass auch Du ein Wesen der Unendlichkeit, dass Du selbst ewig bist. Jenseits des Augenblicks befindet sich die Schattenzeit und je weiter weg diese vom Hier und Jetzt reicht, desto finsterer wird es und desto weniger hat man gelebt.

Aber warum bevorzugen es die meisten Menschen, ein Schattendasein zu führen, und träumen entweder von der Vergangenheit oder Zukunft? Weil sie offensichtlich mit ihrer Gegenwart nicht glücklich sind. Deshalb ist es mir so wichtig, dass jeder Mensch JETZT glücklich ist.

Denn wer echtes Glück, wirkliches Licht und bedingungslose Liebe sucht, wer sich danach sehnt, sich selbst wieder zu erleben, findet dies ausschließlich in diesem, jetzt gegenwärtigen Augenblick. Besser, als vor der Gegenwart zu flüchten, wäre es, sie zu verändern. Du weißt ja, Deine Zukunft ist noch nicht fix. Du kannst sie gestalten, bist ihr nicht einfach ausgeliefert! Sie zu gestalten ist leicht möglich, wenn Du jetzt gleich damit beginnst. Und wenn Du es so tust, dass es riesigen Spaß macht und Dich begeistert und beflügelt, dies zu tun, dann ist Dein Leben gerettet! Dann beginnt für Dich, hier und jetzt, das ewige Leben und die ewige Glückseligkeit. Und das ist doch wohl kein schlechter Deal, oder?

Solltest Du also jemals – vom Leben enttäuscht und ohne Hoffnung für die Zukunft – bei mir aufkreuzen, dann mach Dich bitte darauf gefasst, dass ich Dich fragen werde, ob Du diese Worte von mir kennst. Du kannst Dich nun nicht mehr aus Deiner Verantwortung und auch nicht mehr aus Deiner Macht wegstehlen. Es liegt in Deiner Hand! Es ist Dein Leben, Deine Liebe, Dein Licht, Dein Glück und Deine Zukunft. Handle also oder handle nicht, aber mach nicht die Welt für Dein Leben verantwortlich. Diese Masche zieht definitiv nicht mehr. Sorry, aber Du weißt nun einfach zu viel. Du hast nun nicht bloß den Schatten, sondern auch das Licht Deines Lebens in Deinen Händen, nutze es weise!

NACHWORT

Liebe Leserschaft,

ich danke Dir von ganzem Herzen, dass Du Dir die Zeit genommen hast, meine Worte in Dich aufzunehmen. Ich hoffe zutiefst, dass sie es vermochten, Dein Bewusstsein zu erweitern Deinen Verstand zu schärfen und Dein Herz zu berühren.

Wenn Du Lust auf mehr hast, dann besuche unseren Shop oder überlege Dir doch mal eine Teilnahme am Free Spirit-Training© (www.freespiritinfo.com).

Ich grüße Dich aus dem ‚Licht der Liebe hinter allen Schatten' und wünsche Dir, dass sich alle Deine Visionen mit ebensolcher Leichtigkeit und Freude – wie bei mir – verwirklichen mögen!

In Liebe, Wertschätzung und Verbundenheit,

Bruno Würtenberger

ÜBER AUTOR & VERLAG

BRUNO WÜRTENBERGER & GREATLIFE.BOOKS

MEHR ÜBER BRUNO WÜRTENBERGER

http://brunowürtenberger.com
http://freespiritinfo.com
http://freespirit-shop.com
http://freespirit-tv.ch

BRUNO WÜRTENBERGER

Bruno Würtenberger geb. 1960 in Zürich ist Bewusstseinsforscher mit Leib und Seele. Er lebt zurückgezogen im Zürcher-Oberland, hat einen Sohn und eine große Vision, nämlich:

Eine friedliche, glückliche und erfolgreiche Gemeinschaft aller Menschen welche in Harmonie mit der Natur leben.

Er entwickelte das FreeSpirit®-Bewusstseinstraining, schrieb mehrere Bücher, darunter der Bestseller ‚Klartext'.

Würtenberger ist gefragter Dozent an in- und ausländischen Fachkongressen und besticht mit seiner humorvollen und charismatischen Art.

Zudem gründete er das Kinderhilfswerk ‚FreeSpirit®-Compassion' welches weltweit Kinder in Not ünterstützt. Bruno Würtenberger ist viel in der Welt herumgereist und studierte die Menschen nah und fern. Seine Kernkompetenz liegt im Bereich der Lebensgestaltung, empirischer Bewusstseinsforschung und Persönlichkeitsentwicklung.

Er gehört keiner Religion oder Konfession an und bekräftigt stets, nur seinem Herz zu folgen. Dies ist auch sein maßgeblicher Rat an die Menschen.

KINDERHILFE

SPENDEN IST COOL

COMPASSION
INCORPORATED SOCIETY FOR CARE AND HEL

Free Spirit®

***Free Spirit®* Compassion**
wurde aus Mitgefühl gegründet.
Wir unterstützen ausschließlich
nachhaltige Projekte von Menschen,
welche Ihre Hilfstätigkeit durch ihre
Herzensvision begründen und wie wir,
ehrenamtlich und ohne finanzielles
Eigeninteresse den Dienst am Nächsten
gerne und von ganzem Herzen ausüben.

Unsere Garantien:
- Keine Verwaltungskosten
- Steuerabzugsberechtigt
- Nachhaltige Hilfe
- Unbürokratisch
- Transparent

Danke

www.freespiritcompassion.or

Free Spirit® **Compassion** ist ein rechtlich anerkannter, international tätiger Verein gemäß den Bestimmungen
Art. 60ff ZGB mit Sitz in der Schweiz. Unser Verein ist somit von der Steuer befreit. Das bedeutet, dass jeder C
ohne irgendwelche Verwaltungskostenabzüge direkt und vollumfänglich den notleidenden Kindern zugute kom

COMPASSION

Das FreeSpirit® Kinderhilfswerk hilft vorzugsweise Kindern und Eltern in Not. Wir sind der Meinung, dass Kinder eine Zukunft verdient haben. Sie sind es einfach Wert, dass wir Sie unterstützen und wir werden spätestens dann froh sein, wenn Sie grösser geworden sind und unsere Welt regieren.

Nur so können wir sicherstellen, dass die Zukunft der Menschheit menschlicher wird als es die Vergangenheit gewesen ist. Hunger und Armut sind heute leider grösser denn je. Ja, jeder kann helfen also, packen wir es an - gemeinsam können wir etwas bewegen!

Der Zweck des Vereins ist die Förderung und Unterstützung hilfsbedürftiger Menschen, wobei der Schwerpunkt auf die Hilfeleistung zu Gunsten von Waisenkindern und alleinerziehenden Elternteilen gelegt wird. Die Unterstützung geschieht in finanzieller, materieller und emotionaler Art in vereinsinternen und vereinsfremden Hilfsprojekten.

FreeSpirit® Kinderhilfswerk ist ein rechtlich anerkannter und international tätiger Verein gemäss den Bestimmungen des Art. 60ff ZGB mit Sitz in der Schweiz. Unser Verein ist von der Steuer befreit, das bedeutet, dass kein gespendetes Geld auf irgendeinem Steueramt hängen bleibt. Spenden an unseren Verein sind abzugsberechtigt.

KLARETXT
BRUNO WÜRTENBERGER

Klartext ist spirituelle Psychologie vom Feinsten. Weise, humorvoll, leicht verständlich, alltagstauglich und herrlich provokativ. Das Standartwerk des Schweizer Bewusstseinsforschers Bruno Würtenberger behandelt Realität und wie diese verändert werden kann, um ein selbstbestimmtes, glückliches Leben zu führen. Dieses Buch eröffnet dem Leser eine ganz neue Herangehensweise und ist ein wertvoller Lebensbegleiter. Ein Muss für jeden, der sich ein frei bestimmtes Leben voller Erfolg, Freude und Liebe wünscht.

ISBN:
978-3942880-05-3
Umfang:
300 Seiten
Verlag:
Horizon Verlag

REVOLUTION
BRUNO WÜRTENBERGER

Dieses Handbuch ist für Menschen gedacht, die es wirklich wissen wollen. Kompromisslos ehrlich, anstössig, unglaublich tiefgründig und humorvoll-ironisch zugleich räumt der Autor mit allen spirituellen und esoterischen Umwegen auf. „Revolution" ist mit Sicherheit eine aussergewöhnliche Lektüre von allerhöchster Qualität und Einfachheit. Man kann dieses Handbuch durchaus als spirituellen Turbo bezeichnen. Achtung: nicht für ‚Mimosen' geeignet!

ISBN:
978-3952272-13-8
Umfang:
264 Seiten
Verlag:
Spirituelle Schule Schweiz

ÜBER AUTOR & VERLAG

SEIN IM ZENTRUM DER MITTE
BRUNO WÜRTENBERGER

„Sein im Zentrum der Mitte" berührt das Innerste der Essenz spiritueller Weisheit. Kompromisslos, wie wir es von Bruno P. Würtenberger gewohnt sind und wie immer von seinem Humor begleitet, wagt er in diesem Handbuch den Schritt weit über die Normalität gängiger esoterischer oder religiöser Betrachtungen grundlegender Weisheit hinaus.

ISBN:
978-3952272-15-2
Umfang:
267 Seiten
Verlag:
Spirituelle
Schule Schweiz

TODLEBENDIG
BRUNO WÜRTENBERGER

Eine Ausfahrt der ganz besonderen Art. Nie wird er sie mehr vergessen, diese eine Sekunde die sein Leben auf den Kopf stellte. Ausführlich beschreibt Bruno, was in diesem einen Moment geschah und wie dieser Moment ihn grundlegend veränderte. Ausführlich beschreibt er aber auch, wie Jeder auf seine ganz eigene „Reise" gehen kann. Auch ohne Motorrad. Lebensgefährlich bleibt es aber, das Abenteuer Bewusstsein.

ISBN:
978-3952272-41-2
Umfang:
172 Seiten
Verlag:
GreatLife.Books

ÜBER GREATLIFE.BOOKS

Für alle, die für ihre Message Medium, Leser und eine tatkräftige Unterstützung suchen

1994 haben wir in den (damals noch neuen) Medien, unseren Weg begonnen. Zwanzig Jahre später findet sich jetzt all unser Knowhow unter einem Hut und einer großen Dachmarke: dem GreatLife - Netzwerk. Mit unserem Verlag GreatLife.Books können wir daher Dir als Autor, ein riesiges Leistungsspektrum anbieten. Von der Konzeptentwicklung, über den Buchsatz, Grafik, Video, On-TV oder SocialMedia, alles steht Dir für den den Erfolg Deines Buches zur Seite. Gemeinsam ziehen wir an einem Strick, mit einem Ziel vor Augen: Dein Thema Deinen Lesern vorzustellen. bishin zum Lektorat, linemarketing, PR,

GREATLIFE.BOOKS

Wir sind kein „richtiger Verlag" im herkömmlichen Sinne. Wir drucken nicht selber. Das erledigen weiterhin unterschiedliche BoD Unternehmen. Wir finden schon den Richtigen für Dich. Du siehst, wir verstehen uns als Dienstleister und Netzwerk für Indi-Autoren. Gemeinsam fällt es einfach leichter etwas zu bewegen und so haben wir so schon einiges zusammen erreicht.

ÜBER AUTOR & VERLAG

Voraussetzung um zu uns zu passen ist: Du hast etwas rund um das Thema Leben, Entwicklung oder Spiritualität zu sagen. Wie dieses Buch hier ja auch. Mit einem Roman bist Du bei uns falsch.

Wenn Dich unsere Arbeit interessiert, schaue einfach auf unserem youtube-Channel, was unsere Autoren über uns sagen. Auch den Autor dieses Buches wirst Du da finden. Auf unserer WebSite (www.greatlife.world) findest Du noch weitere Video-Statements und Interviews.

Wenn Du also den Service eines Verlages suchst, aber die Freiheit eines Indi-Autors dabei nicht aufgeben willst, dann solltest Du uns ansprechen. Ruf einfach an oder maile uns, im persönlichen Gespräch werden wir schnell herausfinden was Du brauchst, wir für Dich tun können und wir gemeinsam erreichen können.

Viel Freude Dir weiterhin beim schreiben und viele nette Leser

Dein Team von GreatL!fe.Books

So erreichst Du uns

WWW	http://greatlifebooks.de
	http://greatlife.university
	http://greatlife.events
MAIL	info@greatlifebooks.de
FON	(06201) 90 20 4-44
FAX	(06201) 90 20 4-45
POST	Hauptstr. 97 | 69 469 Weinheim

ÜBER AUTOR & VERLAG

HEUL NICHT RUM. COACH DICH SELBST.
EIKE RAPPMUND

Eigene Muster erkennen, verstehen und in den Griff bekommen, dass ist die Aufgabe, bei der dieses Buch Dir helfen will. Ein praktisches Arbeitsbuch für die persönliche Entwicklung.

ISBN:
978-3945952-01-6
Umfang:
304 Seiten
Verlag:
GreatLife.Books

ÜBER AUTOR & VERLAG

DETOX BODY BOOK
CAROLINE BIENERT

Das Detox Buch für zuhause. In acht Tagen wieder zu einem gesunden, entgifteten Körper kommen - wie das geht? Das zeigt Caroline Bienert in der stark erweiterten Neuauflage Ihres Buches.

ISBN:
978-3945952-21-4
Umfang:
308 Seiten
Verlag:
GreatLife.Books

ÜBER AUTOR & VERLAG

MACHTSPIELE? MACHT NICHTS!
MICHAEL KIRCHHOFF

Gerade in Verhandlungen, im Verkauf, mit dem Chef oder beim Kunden kann das Buch von Michael Kirchhoff ein guter Leitfaden durch den Dschungel der Kommunikation werden. Fachlich fundiert, leicht zu lesen, geballtes Wissen vom Fachmann.

ISBN:
978-3945952-10-8
Umfang:
228 Seiten
Verlag:
GreatLife.Books

DAS ICH GESPENST
BERND HÜFNER

Wer sich schon mal getraut hat, den Blick über den Tellerrand zu heben, wird mit dem neuen Buch von Bernd Hüfner viel Freude haben. Aus welchen Perspektiven man Leben und die Welt an sich sehen kann, ist nicht das Thema, viel mehr, wie diese Perspektiven auf einen wirken.

ISBN:
978-3945952-15-3
Umfang:
264 Seiten
Verlag:
GreatLife.Books

ÜBER AUTOR & VERLAG

TOTGEKNUTSCHT
SUSANNE VOLLGOLD

Auch mit der Qualität zwischenmenschlicher Begegnungen hat es Susanne aufgenommen. Ihr kleiner Ratgeber mit Stinkstiefeln und „Unsympathen" umzugehen ist wahrhaft ein Goldstück.

ISBN: 978-3945952-10-8 | **Umfang:** 228 Seiten
Verlag: GreatLife.Books

ÜBER AUTOR & VERLAG

THERAPEUT DER HERZEN
RALPH-DIETMAR STIEF

Ralf ist Handleser und ganzheitlicher Therapeut. Er lebt seit über 20 Jahren schon in Spanien - die meiste Zeit davon auf Mallorca. In seiner Roman-Trilogie nimmt er Dich mit auf eine spannende Reise zu Dir selbst.

ISBN:
978-3945952-44-3
Umfang:
232 Seiten
Verlag:
GreatLife.Books